JN029579

「最初の男」になりたがる男、「最後の女」になりたがる女

夜の世界で学ぶ男と女の新・心理大全

関口美奈子

KADOKAWA

はじめに

コミュ障だった私が水商売の世界へ飛び込んだワケ

あなたは、お客様に「いらっしゃいませ」が言えなくて、アルバイトをクビになったことがありますか？

あるいは、告白してくれた異性に、「なんで自分のことなんて好きになるんだろう……。気持ち悪い！」とフってしまったことはあるでしょうか。

私は、あります。


そんな人が、男と女の本音がわかる本を書けるの⁉　もしかして、この本を買っちゃったの失敗だった？　そんなふうに思われる人もいるかもしれませんが、どうか安心してください。

私は19歳で水商売の世界に入り、引退するまでの9年間、八王子から銀座のクラブでNo.1をキープし続けてきました。

そうなんです、この本には、もともと超・陰キャで、挙動不審ゆえ「キョドリン」と周囲から呼ばれていた私が、先輩ホステスさんからの教えや心理学の本に書いてあることを水商売の世界で実践し、ときには見当違いな接客でお客様にお叱りを受けながら体得してきた「男と女の本音」が詰まっています。

もともと男心がわからないどころか、同性の友だちも少なかった私は、声が小さく、緊張するとどもりが出たり、赤面したりするクセがありました。

「人並み」に恋愛したり、友だちを作ったりしたいとアルバイトに励もうとしても、コンビニもカフェもクビになってしまい、もう働く場所がありません。毎日、「これからどうやって生きていこうか」と悩んでいました。

家が裕福であれば、ニートでいることが許されたかもしれませんが、4人きょうだいという環境だったので、どうしても自分でお金を稼いで生きていかなければいけなかったのです。

そんなふうに切羽詰まっていた私の唯一の選択肢が、ホステスという仕事でした。どうせすぐ辞めることになるかもしれないけれど、現状を変えるには今とは違うことをしなければダメだ。そんな思いとともに、華やかで、稼げて、モテる女性、つまり今の自分とは真逆の女性になれるかもしれない、というかすかな希望も抱きながら、地元の東京・八王子でこの世界に飛び込んだのです。

No.1ホステス・Sさんの衝撃的な接客とは？

最初の数カ月は、トイレで泣いてばかりいました。うまく話せず、会話が盛り上がらない。場違いだとみんなが馬鹿にして笑っているような気がして、小さくなっていました。

毎日毎日「辞めよう。いや、自分を変えられるまでもう1日頑張ってみよう」。この繰り返しでした。

何とか自分を変えたくて、私は当時のNo.1だった、ヘビースモーカーでロングドレスの似合うクールな美人ホステスのSさんに教えを請いました。Sさんはうちの店でダントツのトップ。雲の上の存在だったので、直接話したことはありませんでした。

そこで、お店の黒服さんに間を取り持ってもらい、Sさんにお願いして接客を特別に見学させていただいたのです。

Sさんの接客は、驚きの連続でした。

話の構成が練りに練られており、お客様の心をいかに動かすかが計算し尽くされていたのです。たとえば、お客様に告白されたとき。Sさんはこんなやりとりをしていました。

お客様「Sちゃんのこと、本気で好きなんだよね。そろそろわかってくれてもいいいんじゃない？」

Sさん「私のどこが好きなの？」

お客様「可愛い！」

Sさん「それで？」

お客様「優しいし」

Sさん「あとは?」
お客様「スタイルがいい」
Sさん「他には?」
お客様「気も利くよね」
Sさん「それだけ?」
お客様「全部だよ!」
Sさん「そっかぁ……いいところばっかりだね。私の悪いところを言ってほしいな。私は、1回付き合ったらずっーと長く付き合いたいほうだから」
お客様「悪いところなんてないよ」
Sさん「悪いところが見えてないなら、好きだけど愛してはいないってことじゃない? 私たち、まだお互い知らないところばっかりだね」
お客様「そんなことないけどなぁ」
Sさん「好き同士なんだから、ちゃんと愛し合ってから付き合いたいよ。本当に○○さんが真剣に言ってくれてるなら、これから前向きにいいところも悪いところも見ていきたいな♡」

お客様「俺はSちゃんのこと、愛してるけど！　愛してるから、今度、旅行しよ！」
Sさん「元カノと別れたのは、お互いいいところしか知らなくて、悪いところが見えてきたから嫌になったんでしょ？　悪いところが見えてない状態で体の関係とか、私には全然考えられないよ」

こんなやりとりが延々と続き、Sさんはお客様を100％拒絶も受け入れもせず、「私の中であなたが一番だけれど、まだ信用がないから……」と上手にはぐらかし続けていきます。そばで見ている私が、思わずSさんのことを好きになりかけたので、お客様はもっと心を惹きつけられていたと思います。

このお客様のように、時間とお金をかけたものにのめり込むことを心理学で「サンクコスト効果」といい、特にプライドが高く、自分の過ちを認めるのが苦手な男性は、どハマりしやすいということを、あとから知りました。

それ以来、私はお店が終わったあと、明け方近くまでSさんと過ごし、接客トークや表情の作り方、文章で男心をつかむ方法など、たくさんのことを学びました。Sさんの話を1字1句ノートに書きとって何パターンものトーク台本を作り、丸暗記して実践していったのです。

すると、徐々に指名してくださるお客様が増えてきて、少しずつ自信がついてきました。

以前はお客様に、「しゃべれないなら帰れ」「ブスはいいよ！」と言われ、チェンジされることもありました。昔の私であれば、トイレで泣いて終わりでしたが、自信がついてからは「チェンジじゃなくて、チャレンジしましょ！」と笑いながら言えるようになっていました。

そして1年後、私の売り上げは師匠のSさんを超え、初めて№1の座を手にしたのです。

男性に騙され、1000万円近くを失ったからこそわかること

ただ、そのときはとにかくSさんを完コピすることしか頭になく、本当の男女の心理というものをわかっていませんでした。

リアルでの恋愛経験がほとんどなかったこともあり、ついにはある男性に騙(だま)されて1000万円近くを失うことにまでなってしまったのです……。

この苦い経験をきっかけに、毎日書店に通うようになりました。そして、心理学や自己啓発、コミュニケーションの本を大量に読みあさりました。

すると、ある本に、男性の本気度をはかるには、「言葉ではなく行動を見ろ」と書いてあるではありませんか!

いくら女性に優しい言葉をかけてくれても、相手に黙って高額な買い物をしたり、約束を守ってくれなかったりするのは、不誠実さの証(あか)し。でも、女性は感情を大切にするので、愛情を感じられる言葉のほうを頼りにしてしまいがちだと、そこには書いてありました。

自分とその彼の行動を照らし合わせてみると、確かに思い当たることばかり……。

恋愛経験が普通にあったり、人並みのコミュニケーション力が身についていたなら、こうした男女がすれ違う心理が自然に理解できたのかもしれませんが、私には無理でした。

でも、この経験があったからこそ、より男と女の深いところまで理解することができるようになったのです。

事実、Sさんから学んだことや本で勉強したことをお店で試し、お客様からよい反応を得られたものを集中的に実践し続けたことで、9年ものあいだNo.1を張り、両親に家をプレゼントするという夢を成し遂げることができました。プライベートでは、ようやく普通に恋愛をして結婚。引退した今は男女両方の心理を知り尽くしている利点を生かして、結婚相談所を経営しています。

コミュ障でも男女の本音を学べば人生は変えられる！

これまでの歩みについて長々と語ってしまいましたが、私があなたに伝えたかったのは、**たとえコミュ障で恋人がいない人でも、男女の心理や違いについて学べば、人生は変わるということです。**

本書で紹介する男と女の本音は、私が夜の銀座で出会った男性のお客様たちや、そこで見聞きした色っぽい男女のエピソード、ホステスが実践している男心をつかむ裏技などが下敷きになっています。

ただ、この本でいう「男」「女」というのは、ジェンダーではなく、「男性的な考え方や行動」「女性的な考え方や行動」という意味合いです。銀座にいらっしゃるお客様というと、「色黒で筋骨隆々で男らしい」といった男性をイメージする人が多いかもしれませんが、実際にはおしゃべりで共感し合うのが好きだったり、ホステスに手料理を作ってきてくれたりと、女性的な感性を持つお客様も少なくありませんでした。

ですので、自分の性別に縛られず、ボーダーレスな感覚でこの本を読んでみてください。なかには、「自分は男だけれど、実は女性的だった」「私は女だけれど、意外に男性っぽい」という人もいるはずです。

「なんでそんなこと言うの？」「普通はそんなことしないでしょ？」と、不思議だった異性の思考回路や行動パターンを知り、相手に刺さる言葉を使って話せば、コミュニケーションは驚くほどスムーズになります。すべての項目に、ネガティブだったり自信がなかったりする自分を変えるワーク「HAPPYワーク」や、男性は女性に、女性は男性にこう話せば伝わるという会話例「HAPPYトーク」を紹介しています。

私が実際に銀座で使い、見聞きしてきた〝使える〟ものばかりなので、ぜひ実際に活用してみてくださいね。

本によって救われた私が、今度はこうして執筆・出版のチャンスをつかめたなんて、本当に夢のようです。

あなたにとって役立つヒントが見つかり、苦しい恋愛が少しでも報われますように。

元コミュ障の私から愛を込めて、本書を送ります。

関口 美奈子

「最初の男」になりたがる男、「最後の女」になりたがる女●目次

第2章 男と女の本音〜恋愛とセックス編〜

第3章 男と女の本音〜コミュニケーション編〜

第4章

男と女の本音～見た目としぐさ編～

第1章

「人並みに普通の恋愛がしたい」が叶わないのはなぜ？

「自分なんて……」のネガティブ思考が恋を遠ざける

この章では、私が夜の銀座や現在経営している結婚相談所で見聞きしてきた、女性と男性に共通の「モテない理由」についてお話ししていきたいと思います。いくらお金を持っていても、とんでもない美女でも、愛に恵まれない、モテないという人には必ず理由があるのです。

「背が低い男は抱けるけど、背が低いコンプレックスまでは抱けない」

これは、私が新人ホステスだった頃、先輩が何気なく口にした言葉です。
ホステスとして多くの男性と接してきた彼女が言うには、背が低くても、それを卑下することなく自分に自信がある男性ならば、お付き合いするのもまったく問題はない。でも、背が低いことを気に病み、卑屈になっているコンプレックス丸出しの男性は、とてもお付き合いする気になれないというのです。

それを聞いたとき、「あ、この背の低い男性って、私みたい」だと思ったんです。恋愛どころか普通の人間関係を築くこともできず、コンビニのアルバイトすらクビになるほどのコミュ障だった私は、

「面白いことなんかひとつも言えないし、私なんてみんなの仲間に入れてもらえないに決まってる」

「私みたいなのに『好き』って思われても迷惑だろうな……」

と考えるのが当たり前になっていて、それこそお店でも「私で大丈夫ですか？」みたいな卑屈さ全開でお客様と接していました。

でも、先輩の言葉を聞いて、

「魅力の本質って『自信』なんだ」

「背が低いとか、可愛くないとか欠点そのものよりも、欠点を本人がどう捉えているかのほうが何倍も重要なんだ」

ということに初めて気がついたんです。

考えてみたら、楽しもうとお店に来ているのに、ホステスからおずおずと「私で大丈夫ですか?」なんて言われたら、気持ちがシュルシュルとしぼんでしまいますよね。恋愛や人間関係だって一緒。新しい出会いや共感し合える相手を求めているのですから、「私なんかといても楽しくないよね」という卑屈オーラを出している人は、敬遠されて当然です。

恋を遠ざけているのはネガティブな自分自身

男女を問わず、恋や仕事の成功を遠ざけていたのは「自分なんて……」というネガティブ思考を生み出している自分自身なのです。

ただ、私たちの脳は、放っておくとネガティブなことを考えるようにできているんだそうです。人類は、最悪の事態を想定し、それに備えることで生き延びてきたという歴史があります。だから、本能的に不安や心配事が頭に浮かんでしまうんです。

「自分に自信を持とう」「ポジティブに考えよう」といっても、なかなか難しいのはそのためです。

そんなときに、私が実践しているのが27ページで紹介している「グッド アンド ニュー」というワークです。一人でも手軽に行えて自分を好きになれるワークなので、ぜひ毎日寝る前の習慣にしてみてください。私は根っからの陰キャなので、9年連続No.1を取り続けても、今でもなかなか自分に自信が持てないのですが、このワークで日々どうにかネガティブ思考の連鎖を断ち切っています。


ちなみに、私のお客様の中に、失礼ながら「ん!?」と二度見してしまうくらい、かなり特徴のある容貌の方がいらっしゃいました。こうしたお客様は、普通ならどうしても卑屈さが透けて見えてしまう方が多いのですが、その方は実に自信たっぷりで堂々とされていました。いつも「すごいな、見習いたいな」と思っていたところ、その方がご友人と一緒に来店されたことがあり、その自信の源が明らかになったのです。

「ゴルフ場の風呂で一緒になるんだけど、彼の〇〇〇〇はオレが見てきた中で間違いなく歴代トップ3に入る大きさ!」

女性からすると「そんなことで⁉」と思ってしまうところですが、男性は、こういうことに支えられて自信を保っているんだと、とても勉強になりました。どんなことでも自信に変えられるのであれば、それは素晴らしいこと。みなさんも自分なりの自信の源を見つけてみてくださいね。

男と女のHAPPYワーク

ネガティブ思考が止まらないとき

「グッドアンドニュー」

寝る前などに、今から24時間以内に起きた「よかったこと」「新しい発見」を思い浮かべてみましょう。ネガティブな思考の連鎖を断ち切り、頭の中をポジティブな方向に切り替えることができます。

男と女は「気遣い」ですれ違う

恋愛でも人間関係でも、重要な「気遣い」にも、自信のなさは悪影響を与えます。
私は銀座でホステスをしていた経験を生かして、今は結婚相談所を経営しています
が、婚活中の女性からよく聞かれることのひとつに、

「私、なんで選ばれないんでしょうか。かなり気遣いしているほうだと思うんですけど……」

というものがあります。
どんな気遣いをしているのか聞いてみると、

・相手が気持ちよく話せるよう聞き役に徹する
・第一印象をよくするためにも受け答えは無難な範囲で
・スプーンやフォークを取ってあげる
・サラダを取り分けてあげる

といった答えがとても多いんですね。

ちょっと厳しいことを言ってしまうと、これらは**「気遣い」というよりは、ただ「空気を読んでいるだけ」。自分に自信がないから、相手の顔色を見て行動してしまっているのです。**

相手に嫌われたくない。よく思われたい。だから、とりあえずサラダを取り分けてあげるし、何を聞かれても無難な答えしか口にしない。一見、相手のための行動に見えますが、それは表面上だけのこと。あくまで「自分目線」なんです。

気遣いの本質は、相手に喜んでもらうこと。相手を見ていないのであれば意味がありません。よく「聞き役に徹するとモテる」といったことが婚活本などに書いてありますが、それも程度問題。自分のことばかり話すのは確かに問題ですが、ニコニコ笑っているだけで、当たり障りのない無難なことしか言わないのでは、人となりもわからないまま。長期的な人間関係を築くのは難しいと思われてしまう可能性が大です。

「気遣い上手」と「空気読みすぎ」の境界線

それに対して、接客のプロである銀座のホステスの気遣いは、観察力と想像力をフル回転させるのが基本です。**相手がどうすれば楽しめるかを観察・想像して気を配り、一緒にいて退屈させないようにするのです。**

お客様が退屈そうにしていたら、「私はゴルフが好きなんですけど、ゴルフはされますか？」と趣味について話を振ってみたり、疲れている様子のお客様には、体を気遣ってみたりと、相手の様子次第で気遣いのアプローチは変わってきます。

また、相手から話を振られたら、しゃべりすぎない程度にきちんと自分の情報を相手に自己開示するようにしています。

これが、本当の「相手目線」の気遣いです。

空気を読みすぎて「笑顔は可愛いけれど、どんな子か全然わからない……」と思われないよう、どんな気遣いをしたら、相手の心がほっこりあたたまるのかを考えてみてくださいね。

気遣いは、相手の心のドアをノックして開いてもらうカギになるものです。相手を喜ばせる気遣いができれば、恋愛で「選ばれる」確率が上がるのはもちろん、相手から信頼されて普段のコミュニケーションもうまくいくようになっていきます。

「真面目で誠実」な男がモテない理由

一方、恋がうまくいかない男性に共通しているのが「口説かないのが気遣いである」という勘違いをしていることです。

たとえば、真面目な男性によくあるのが「友だち期間が長くて片想いしています。両想いになって彼氏になりたいです」という悩み。本人は、強引に口説かないことで女性を尊重しているつもりなのですが、残念ながらこれでは行動が遅すぎます。なぜなら、彼女の中ではすでに「友だち」に分類されてしまっているからです。

女性は出会って7秒で「この人とセックスできるかどうか」を無意識で本能的に判断しています。出会った頃は異性として捉えていたとしても、長いあいだアプローチしてこない男性は、「恋愛圏外」へと押しやられてしまうのです。なぜ女性は瞬時に相手を「恋人」か「友だち」かに分けてしまうのか。それは、次のような女性特有の本能ゆえといわれています。

体に負担のかかる妊娠・出産を成功させるためには失敗したくない

←

ある程度の期間、お付き合いして相手が誠実かどうかを見きわめたい

←

だからこそ、付き合うまでの時間は短いほうがいい

←

すぐアプローチしてこない相手は切り捨てよう

男性からすれば理不尽な話だとは思うのですが、女性は「優しい人が好き」と言いながら、アプローチしてこない男性を「自信がないから強く出られない弱い人」と無意識にジャッジして、異性として認識しなくなるのです。

また、一途（いちず）なのはいいけれど、一人の女性に必死になりすぎて余裕のない男性もモテません。

・休みのたびに「会えない？」と連絡してしまう
・嫌われたくなくて無難なことしか言えないので面白い話ができない

これがいわゆる「余裕がない」と言われる状態です。

その点、遊んでいる男性は他にも女性がいるので余裕があります。「あれ？　今日は誘いのＬＩＮＥ来ないな」と相手の女性に思わせることで、自分の世界を持っていることをアピールできますし、ガツガツしていないことがかえって女性の興味をそそります。この余裕に女性は惚（ほ）れてしまうのです。結果、女性は本来なら自分を一番大切にしてくれる一途な男性をスルーして、誠意のない男性に遊ばれてしまうというわけです。

私の結婚相談所の女性会員さんも、どうしてもルックスや振る舞いのスマートさを基準に男性を選びがちです。でも、写真の段階では「この男性は、ちょっと……」と敬遠していた女性会員さんに、「とてもいい方で、気が合うと思うので、一度お会いになってみてはいかがですか」とおすすめして、実際に会ってもらったところ、意気投合して成婚に至る、というカップルはめずらしくありません。

浮気をせずにあたたかい家庭が築けるのは、絶対的に真面目で一途な男性です。見た目や振る舞いはあとからどうにでもなるもの。女性も、初対面の印象だけで「ないわー」とバッサリ切ってしまわずに、男性なりの不器用な気遣いを「この人なりに頑張っているのね」と受け止める余裕を持つことが、自分の望む恋愛や結婚を手に入れるポイントかもしれません。

銀座でヤレる男の共通点

では、どんな男性であれば、あらゆる一流男性を知り尽くした銀座のホステスが「このお客様とならお付き合いしたい♡」と思うのでしょうか。

ハイクラスなお客様とたくさんお会いしてわかったのは、お金持ちには、

- **ただのお金持ち**
- **真に豊かなお金持ち**

がいるということです。ただのお金持ちは、お金に物を言わせてホステスを服従させようとします。こちらも仕事ですから、面と向かってお客様を否定することはありませんが、何があってもなびくことはありません。

真に豊かなお金持ちは、私たちホステスにも気遣いをしてくださいます。

気遣いは、自分に余裕がないとできないことですよね。

たとえば、お店でうっかり女の子が飲み物をこぼして、お客様のお洋服にかかって

しまったときも、失礼ながらホステスは次のようにこっそりお客様を格付けしています。

- **激怒するお客様は三流**
- **「いいよ、いいよ」とおっしゃるお客様は二流**
- **「○○ちゃんは大丈夫だった?」とホステスを気遣い、会計時にクリーニング代を残していってくださるお客様は一流**

「高い金を払って、もてなされたくて来ているのだから、俺たちを楽しませてよ」という男性は、やっぱりモテません。**自分に自信があって器が大きく、余裕がある人は、男女問わず周りに自然と人が集まり、男性なら体を求めずとも求められるように、女性なら愛を求めずとも愛されるようになるのです。**

男と女のHAPPYワーク

自分に自信が持てないとき

「リフレーミング」

無理に自分に自信を持とうとするのではなく、モノの見方を変える「リフレーミング」という考え方を習慣づけましょう。

たとえば、あなたに「人見知り」という欠点があったとします。だから自分はダメなんだと自分を責めるのではなく、「聞き上手である」「慎重で失敗が少ない」と長所として解釈してみましょう。自分を好きになれたなら、自ずとニコニコが増えていきます。

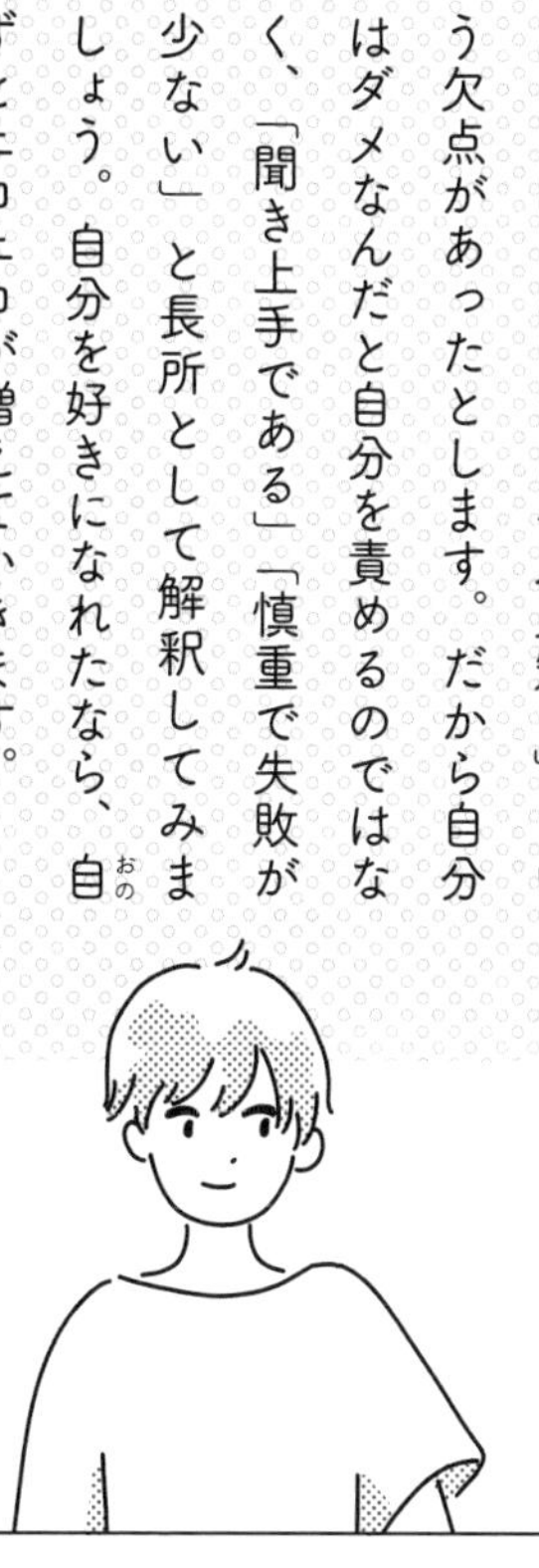

「ダメ男」「メンヘラ女」ばかりを引き寄せてしまうワケ

夜の世界に長くいると、それこそ「ダメ男ホイホイ」「メンヘラ女ホイホイ」のホステスさんやお客様を数限りなく見てきました。

ホステスさんは、どうしても昼職の友だちや恋人とは生活リズムが違うため、なかなか一緒に遊んだり旅行に行ったりできません。となると、昼間に時間の融通が利く同業者のホストや無職の男性と付き合うことに。そのうちに、男性が稼ぎのいいホステスさんのお金に頼るようになり、ホストをやめて無職になってしまうことも。無職でもしっかり家事や家の雑務をこなしてくれればいいのですが、お小遣いをせびるときだけ帰宅し、普段は浮気相手のところにいて帰ってこない……なんていうパターンもめずらしくありません。

また、水商売はもともとメンヘラになりやすい世界です。

「お金をためて自分の店を持ちたい」「自分を磨いてNo.1になりたい」といった目標がある人は別ですが、やはり奥様がいても平気でホステスを口説く既婚者男性をたくさん見てしまうので、「男は絶対浮気する」という思い込みが生まれ、彼氏のちょっとした言動が疑わしく思えて心が病み、過剰に束縛したり、相手の気をひくために突飛な行動をしたりしてしまうことが多いんです。

自分の「見捨てられ不安」が原因のことも

ただ、こうした「ダメ男」「メンヘラ女」を引き寄せてしまう人というのは、全員が全員ホステスや銀座のクラブのお客様というわけではないですよね。みなさんの周りにも普通にいるはずです。**ということは、もともとダメ男、メンヘラ女ではなかったのに、あなた自身が相手をそうさせてしまった……という可能性も考えてみてください。必ずしも原因が100%相手にあるわけではないのです。**

「好き」という恋愛感情は、次の3つの感情や欲求が揃(そろ)ったときに成立するといわれています。

・相手と一緒にいたい、相手がいないとつらいという「親和・依存欲求」
・相手のためならどんな犠牲を払ってもいいという「援助傾向」
・相手のことを独り占めしたいという「排他的感情」

このうちどれかひとつでも欠けてしまうと、これらの感情や欲求がネガティブな方向へ暴走し、ダメ男化、メンヘラ女化してしまう可能性があるのです。

いつも「ダメ男」「メンヘラ女」とばかり付き合うハメになるというのは、無意識のうちに、

・忙しいからと一緒にいる時間を作る努力をしない、不安にさせる行動をとる
・相手が困っていることに気づかない、スルーする、気づいても助けない
・他の異性の存在を匂わせる、浮気を繰り返す

といったことをしているせいかもしれません。

実はこれ、ホステスがお客様に仕掛けるテクニックのひとつでもあるんです。

ホステスはお客様にいかに依存していただくかが勝負。距離が縮まったところで、あえて冷たくして「あんなに仲良くなれたと思ったのに、なぜ?」と追いかけさせることで、お店に来ていただけるというわけなんです。

なお、相手を不安にさせる言動をとってしまうのは、あなた自身が自分に自信がなく、「見捨てられる前に、自分から相手を見捨てて傷つかないよう予防線を張っている」「わざと相手を不安定にすることで自分に依存させ、つなぎとめておきたい」という気持ちの表れという見方もできます。

いずれにせよ、これを無意識でやっているとすれば、あなたは水商売の世界でも売れっ子になれる可能性が高いのですが、日常生活の中で使いすぎると相手が病んだり、自分から幸せを遠ざけてしまったりすることにつながるので、くれぐれも注意してくださいね。

男と女のHAPPYワーク

見捨てられる不安を克服したい

「自分との小さな約束を守る」

「こんな自分はいつか捨てられるに決まってる」「欠点だらけだから好かれるわけがない」と考え、相手と親しくなるのを避けてしまう。そんな人は、ごく小さな成功体験を積み重ねて「自分にもできる」という自信をつけていきましょう。

毎朝「今日は1日忙しいけど、お昼はきちんと食べよう」「仕事はここまで終わらせよう」「トイレ掃除をしよう」といった小さな約束事を決め、必ずそれを実践してみてください。

「ありのままの自分」でいいわけがない

ディズニーのアニメ映画『アナと雪の女王』がヒットした頃から、〝ありのまま〟思考が続いていますよね。

映画を観てはいないけれど、この主題歌を聞いて「そうだよね、ありのままの自分って大切だよね」と思っている女性（ときには男性も）は少なくないように思います。

ところが、実はこの歌が登場するのは映画の前半。自らが持つ魔法の力で妹アナを傷つけてしまって以来、引きこもってきた女王エルサが、力を周囲に知られてしまったのをきっかけに、王国も家族も自らの役割もすべて捨て「ありのままでいたい」と願うときに歌われるのです。

そして、物語が後半に進むにつれ、エルサは魔法の力を捨てずに周囲と協調しながら生きていけることに気づき、成長していきます。

つまり、『アナ雪』は〝ありのまま〟だけでは幸せは手に入らない、ということを教えてくれる物語なのです。

ダメなところや変わったところがある〝ありのままの自分〟を受け入れるのは大事なことですが、それは〝ありのままの自分〟をそのまま垂れ流すことではありません。**自分の個性を大切にするのと同じくらい、相手の個性も認め、関係がうまくいくよう好かれる努力をしたり、より魅力的に見えるよう工夫したりするのも大切なことなのです。**

言うまでもなく、寝起きの髪ボサボサの〝ありのままの自分〟では、男女ともになかなか恋のチャンスはやってきません。直売所などの泥付きの大根が売れるのは、「収穫したてで新鮮だから」とみんなが知っているから。その前提がないまま店頭に並べても「なんだかおいしそうじゃない……」と思われて、手を伸ばす人はまずいないですよね。ホステスがドレスで着飾るのも、同じ理由です。やっぱり手に取ってもらうには、男女を問わず「おいしそう」に見せる工夫や努力が必要になってくるのです。

男と女のHAPPYワーク

「現状維持バイアス」を打ち破る

「まずは外見から変えてみる」

人には「現状維持バイアス」があり、とりあえず現状で問題がないのだから、変化というリスクを取る必要はない、と本能的に考えてしまいがちです。

そこから一歩抜け出すには、男女を問わず外見から入るのがおすすめです。

「髪形を変える」「ダイエットや筋トレでボディメイクする」などをして外見を変えると、自分の内面が変化するばかりか、周りに与える印象も変わってくるので新しい出会いのチャンスが確実に増えていきます。

コミュ障の人ほど「型」から入るとうまくいく

私は八王子のお店でホステス人生をスタートさせたのですが、そこで売れっ子だった先輩Sさんの接客を完コピし、お客様とのやりとりを台本化することで№1になり、銀座のお店へとステップアップすることができました。そして、恋愛も人並みにできるようになり、結婚までですることができたのです。

コミュ障でコンビニのアルバイトをクビになり、友だちも彼氏もいなかったかつての私から考えると、ありえない変化です。

恋愛攻略本や台本作りに否定的な人は「恋愛なんてマニュアル通りにいかない」「人によって反応は違うのだから台本なんて意味がない」と言いますが、私のようにコミュ力が低いタイプの人間にとっては、「普通に話す」ことすら難しいのですから、

成功パターンを完コピして真似するのが、うまくいく唯一の方法なのです。

そもそも、自分のコミュニケーションの何がいけないのか、どこを改善したらいいのかまったくわからないのですから、成功パターンを「型」として覚えておくしか方法はありません。イレギュラーな反応があった場合は、その都度、引き出しを増やしていけばいいのです。

コミュ障にはコミュ障なりの闘い方があるのですから、「恋愛をマニュアル化するなんてヘン」という声に負けないでくださいね。

恋愛に駆け引きはもちろん必要！

私自身がそうだったのですが、自分に自信がない人は、男女を問わず相手に尽くすことで好かれることを期待してしまうところがあるのではないでしょうか。

相手からすれば、「あなたが勝手に好きで尽くしているだけでしょ?」ということなのですが、「これだけ尽くしているのに相手は何もしてくれない……可哀想な自分」とメンヘラ化、ストーカー化してしまう人も少なくありません。

相手から「重すぎる」「ウザい」「たまには他の人と遊んだら？」と言われてしまう恋愛から卒業したいのであれば、自分から恋の駆け引きを仕掛けて主導権を握るのが一番です。

「駆け引き⁉　主導権⁉　ムリムリ！」と思うかもしれませんが、安心してください。人は「この人のことは○○だから好き」と論理的に判断しているようでいて、実は無意識のうちに感情に流されて判断していることが多いんです。だから、感情を揺さぶる＝駆け引きをすることで、恋心を作り出すことができるんです。

たとえば、恋をすると気持ちが昂ぶり高揚感を覚えるのは、「ドーパミン」の働きによるものだといわれます。ドーパミンは、脳の中で分泌される神経伝達物質で、〝報酬系ホルモン〟といわれるもの。これが大量に分泌されるのは、

- **この人なら自分を評価してくれそうだ**
- **高嶺の花だけど落とせるかもしれない**
- **ギャンブルで勝てるかもしれない**
- **推しているアイドルはまだ有名じゃないから、私が応援しなくては**

などと感じたとき、つまり「期待感を持ったとき」だといわれています。

期待感が大きくなるほどドーパミンがドバドバ出て〝気持ちよさ〟を感じるため、「もっともっと♡」とドーパミン中毒になっていくんですね。

ということは、ドーパミンが出やすい状況を意図的に作れば、恋がうまくいく確率は上がっていきます。

たとえば、口説いても落ちないホステスに業を煮やしたお客様が「付き合ってくれないなら、もうお店に来ない」と言ってきても、ホステスは慌てず「私も、もうお店には来ないほうがいいと思う。私の中ではとっくにお客さんっていう枠から外れてるよ」と切り返します。するとお客様は、「そうか、もう自分は客じゃない、特別な存在なんだ！」と、再び期待感が高まって、「来なくていい」と言われたにもかかわらず、お店に通い詰めてしまうのです。「完全に落ちた」もしくは「完全に脈がない」と思われてしまうとドーパミンは出ないので、「手に入りそうで入らない」という期待感を煽るためにも、駆け引きをする必要があるのです。

男と女のHAPPYワーク

「物足りなさ」を演出する

「LINEは相手の返事で終わらせる」

「もっと話したいのに……」という名残惜しさが、あなたを追いかける原動力になるので、LINEは自分のメッセージで終わらせず、相手の返事で終わらせるようにしましょう。

本音が見えないから対処法がわからない

私が夜の銀座で学んだのは、男女ともに「自分に自信を持つ」ことが大切だということ。そして、「男と女のコミュニケーションはまったく違う」ということでした。

たとえば、不倫常習者のお客様。ホステスを「妻とは不仲で……」と口説くのが常套手段でしたが、本気になった女の子が離婚を迫ると「妻とは不仲だけど、子どものために離婚はしたくない」の一点張り。

結局、さまざまな不倫の現場を見てきて感じたのは、男性の言う「妻とは不仲」ほど、あてにならないものはないということでした。話を聞くほどに、男性の言う不仲とは、「妻が子どもにかかりっきりで自分を優先してくれない」「飲み歩きすぎだと怒られた」という程度のもの。女性が考える「不仲」は、関係が冷え切ったかなり深刻な状態であるのが一般的ですから、ここに大きな勘違いと悲劇が生まれてしまうというわけです。

また、男性からよく寄せられる悩みのひとつに、「『何でもいい』って言うから適当にお店を決めたのに、なんで女性は文句を言うんだろう」というものがあります。

女性の「何でもいい」は、「何がいいかわからない」「決められない」というのが本当の意味です。何がいいかわからないから、とりあえず「何でもいい」とは言ったけれど、頭の中では「何がいいのかな……(何でもいいわけじゃない)」と考え始めているのです。そんな女性心理を理解しているモテる男性は、「イタリアン? 和食? 「重め? 軽め?」などと決めやすいよう質問を重ねて女性の希望を引き出していきますが、モテない男性は「何でもいいって言ったくせに」とムクれて場の雰囲気が悪くなり、次のデートにつながらない……といった残念な結果に終わることも少なくありません。

男女ともに、相手の建前と本音を知ることは、恋を実らせお付き合いを続けていくうえでとても大切なこと。本音がわかっていれば、時間を無駄にしたり、相手に振り回されたりせずに済むからです。

「男と女の本音」を知ることが幸せへの第一歩

ホステス時代から結婚相談所を経営する現在に至るまで、数多くの男性、女性と接してきて実感しているのは、

・男性は察しない
・女性は「察して！」と願うだけ

という人がとても多いということです。

男性は、あわよくば「この子とセックスできるかも」という本能的なレーダーが常に働いているため、自分への好意的なサインはすぐにキャッチします。ところが、それ以外の「記念日を大事にしてほしい」「ＬＩＮＥの返信をもっとマメにしてほしい」と女性があの手この手で察してもらおうと四苦八苦しても、男性には一切伝わりません。

男性が「○○が欲しい」とわがままを言ったり、甘え上手だったりする女性に惹かれるのは、そのためです。ホステスはお客様に好かれるテクニックとして、あえて自己主張や感情表現をはっきりするのですが、それはこういうタイプの女性のほうが、男性にとっていい意味でわかりやすく、一緒にいて楽しいからです。

一方、女性は「女の子らしくしなさい」と育てられることもあって、自分はこうしたいと自己主張したり、直接的にあれこれ人に要求したりするのが苦手な人が多いものです。だから、「仕事ばかりしてないで、たまには休日遊びに連れて行ってよ」のひと言が言えません。察してほしいばかりに「友だちの○○は彼氏とハワイに行ったんだって」と遠回しにおねだりしたり、理由も言わずに「どうせ私のことなんて大切じゃないんでしょ」と拗(す)ねたりしてしまいます。

残念ながら、それは戦略ミス。男性に「察してもらいたい」とこだわるのは時間の無駄。要求はストレートに伝えないと一生彼らには伝わりません。

ただ、お互いにこうした本音を知っていれば、男性は「察する努力」、女性は「伝える努力」をすることができ、愛情や関係を深めていくことが可能になるというわけです。

第2章以降は、「恋愛とセックス」「コミュニケーション」「見た目としぐさ」にお
ける男と女の本音に迫っていくので、出会いの場やデート、パートナーとのお付き合
いの中で実際に生かしてみてくださいね。

男と女のHAPPYワーク

「本性」をあぶり出す

「考える時間が短いほど、本性が出てしまう」

人は考える時間が長いほど理性的な判断ができるのですが、考える時間が短いと自分がもともと持っている本性に基づいた判断を下しがちです。

「AさんとBさんどっちが好き？」「節約家？　浪費家？」など、相手の本性を知りたいときは、「10秒で答えて」と時間制限を設けて答えを急かすと、「こう答えたほうが好印象が得られる」という計算が働かず、つい本性が出てしまうというわけです。

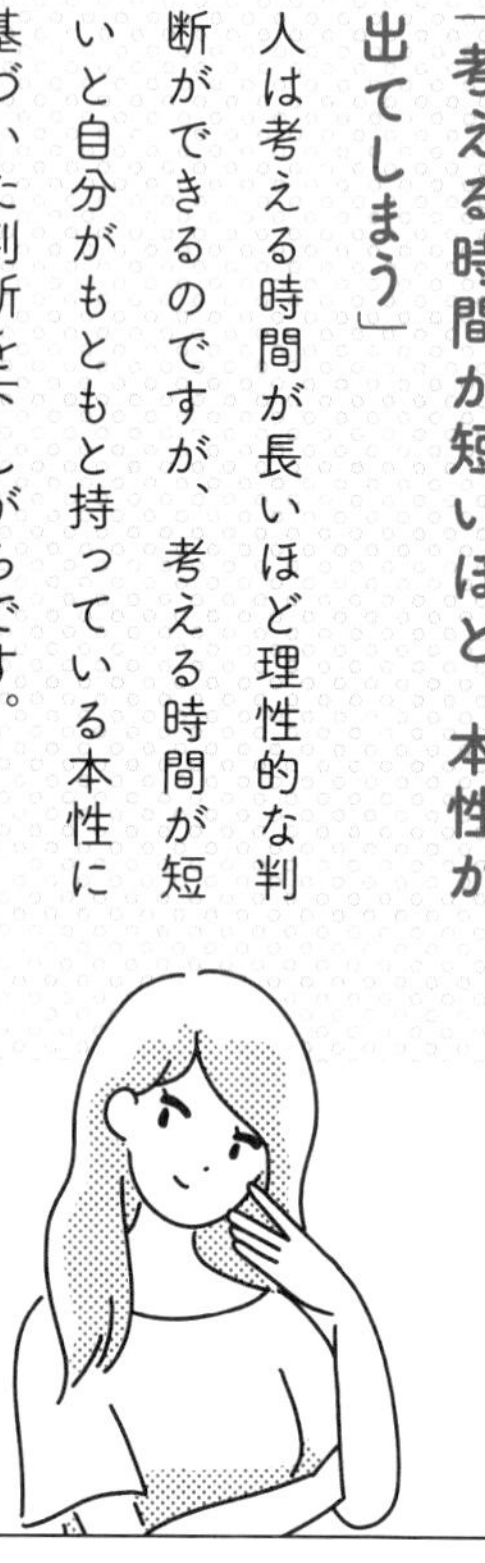

第2章

男と女の本音
～恋愛とセックス編～

【本能】男はワンチャン狙い、女は本命狙い

女性にとってはあまり気持ちのいい話ではありませんが、私が夜の銀座で見てきた男性たちは、女性を

- **可愛い（ヤリたい）**
- **普通（ヤレる）**
- **ブサイク（ヤレない）**

の3種類に分類していました。「バラまく性」である男性は、本能的に基本「ワンチャン狙い」の生き物なのです。

男性がやっかいなのは、ワンチャンに成功したらしたで、「口説けて自分の実力を

示せた」という喜びはあるものの、「口説いておいてなんだけど、軽い女は本命にはできないな」とガッカリ感が先に立ち、きちんとした交際には発展しないところにあります。

それに対して、妊娠・出産で動きにくくなるリスクがある女性は、本命彼女の座を目指すのがスタンダード。無責任な遊び人と付き合ってしまったら、一人で仕事も家事も育児もすべて引き受けなければならないワンオペ状態が確定してしまうからです。だから、簡単には体を許さないことで自分の価値を高め、競争を勝ち抜いた誠実で優秀なオスと子どもを作ろうとするわけです。

ワンチャンから本命になる方法

仮に男性からのワンチャンの誘いにのった場合、もしあなたが彼の本命彼女になりたいと思うのであれば、絶対に自分から連絡してはいけません。

あんなに楽しい夜を過ごしたのに、いくら待っても彼からの連絡がなく、数週間たってからしびれを切らして「どうしてる？」なんてLINEを送ってしまったら、本命彼女の座に就くのは到底無理。それで再びお誘いの声がかかっても、それはあくまでセフレ止まりです。

大切なのは、彼の立場になって考えてみることです。あなたから連絡がない場合、あなたが好みの女性でなければそのままフェードアウト。どうせうまくいかない恋なのですから、潔く諦めるのが賢明です。

ただし、あなたが彼の好みのタイプだった場合は、「なんで連絡がないんだろう……オレってイケてなかった？」「せっかくいい子なのに、これで終わりにしていいの？」という気持ちになるはずです。

これは、**あなたが「自分から連絡しない」という行動をとることで、いったん下がってしまった価値を、再び上げることができるためです。**

ただ、それで連絡がきたとしても、本命になれるかセフレ止まりかはわかりませんから、はしゃぐのはまだ早いというもの。本気で追いかけてくれるまでは、誘われても「その日はたまたま仕事が早く終わるけど、何か用？」くらいのテンションで接するのが正解です。

肉食ホステスは本能に忠実!?

ホステスは、追いかけていただくのがお仕事ですから、いわゆるワンチャンにのる子は多くありません。とはいえ、ホステスも人間ですから、お客様とお付き合いして結婚する子も一定数います。

また、タイプのお客様がいらしたときは、自分から仕掛けていく肉食女子もちらほら。彼女たちを見ていると、自分から誘って、そのあとは見返りを求めない、連絡もしない、という人がほとんど。でも、そういう子ほど、男性から熱烈に求められて本命になれるから不思議ですよね。

ちなみに人間に近いゴリラの世界では、オスはメスが発情しないと発情せず、メスが交尾の主導権を握っているとか。オスはメスの発情を見抜く力がないため、発情したメスがセクシーなしぐさでオスを誘い、誘われたオスは必ず期待に応えるのだとか。

自分から仕掛けることのできる女性は、より本能に忠実なのかもしれません。

男と女のHAPPYトーク

ワンチャン相手へのNGメール

うれしい♡　ぜひぜひお願いします

ワンチャンした男性から久々に連絡があったとしても、こんなふうにノリノリで返信するのはNG。「お、2回目もいけるかも」と思わせるだけ。相手の本気度が見えるまでは、テンション低めに接したほうが、相手が追いかけてくれる可能性が高まります。

久しぶり！　いまみんなで集まってるんだけど……

ワンチャンした女性に、久々にこんなLINEやメールをしたら、相手は「友だち同士で盛り上がって連絡しただけだな」とピンときてしまいます。せめて「ずっと気になってたんだけど、忙しくて連絡できずにごめんね」と謝罪から入りましょう。

【理想の恋愛】
男は「最初の男」になりたがる、女は「最後の女」になりたがる

銀座時代に実感したのは、「男性って思っていたより、ものすごく繊細！」ということでした。

だから、同僚ホステスとの付き合いでホストクラブに行ったときは驚きました。ホストたちは、わざと他の席で楽しくはしゃいでいる様子を見せつけ、女性客同士の嫉妬心を煽って「私のほうが高額のシャンパンを入れたからもっと一緒にいて」と競争させるような接客をしていたのです。こうした接客は、銀座のクラブでは絶対にありえないことでした。

こんな接客をしたら、お客様は「お客はオレだけじゃないんだ……」「オレは特別な存在じゃないのか」とメンタルをやられて、お店に来ていただけなくなってしまい

ます。嫉妬心を煽るにしても、まず他のお客様と比べることはありません。

ハイスペ男性でも
他者と比較される可能性におびえている！

印象的だったのは、自分でいくつも会社を経営していて、自信たっぷりに見えるのに、お店ではいつも延々と大学受験での失敗を愚痴るのがルーティーンになっていたお客様。すでに出身大学など関係ないくらい成功されている方なのですが、自分の中でいまだに消化できていないのです。

男性は、身長や年収、職業など、わかりやすいスペックで判断されることが多く、しかもNo.1になれるのはごく一部。だからこそ、常に「誰かと比較されて負ける」可能性にビクビクしているのかもしれません。

そう考えると、男性が若い女性を好むというのも、納得がいきます。「最初の男」になれる可能性が高く、他の男性と比べられるにしてもサンプル数自体が少ないので、

心から安心して一緒にいられるからです。

男性が女性に求めるのは、程度の差こそあれ、「こんなの初めて♡」という処女性であることは疑いようもない事実です。男性は、自分が案外ヘタレだということを知られたくないので公に口にすることはありませんが、これが声に出さない男の本音です。

だから、女性は過去の恋愛遍歴を尋ねられても、ペラペラと話さないほうが得策ですし、下ネタに切り返すにせよ「恥ずかしそうな態度」はマストです。

「失敗したくない」女性は、男性の経験値を重視する

一方、女性は恋愛経験がない男性よりも、経験豊富でエスコートしてくれる大人の男性に魅力を感じる人が多いのが一般的です。最近は、経験値の高い年上女性と年下男性の組み合わせも増えていますが、やはりまだまだ少数派。大好きな人にどんな過去があるのかよりも、「こんなに夢中になったのは君だけだ」と相手にとって特別な存在になって、「最後の女」になりたいと望みます。やはり、妊娠・出産のリスクが

あるだけに、間違った相手選びを避けようと、相手の経験値を頼りとするところがあるのです。

先ほどお話ししたホストクラブでの女同士の戦いも、「最後の女」の座を巡ってのもの。「担当のホストと一緒にラストソング※を歌うのは自分」という想いが、女性をバトルへと走らせます。

だから男性は、女性をデートに誘ったら、予習や下調べを欠かさないようにするのが鉄則。経験不足は、事前にお店までの道のりやお店の様子を把握しておくことで、ある程度カバーできるからです。必要以上に背伸びする必要はありませんが、「できることはすべてやっておく」ことを忘れないでくださいね。

※ラストソング：閉店間際に、その日一番売り上げたホストが、貢献してくれた指名客とカラオケを歌うこと。

男と女のHAPPYトーク

相手を喜ばせたいとき

こんなの初めて♡

たとえ行ったことのあるお店でも、こう言うのが正解。ホステスは同伴で何度も同じお店に行くことになりますが、毎回このフレーズを口にしていました。女は女優です。

こんなに好きになったのは君だけだ

唯一無二の特別な存在だと思わせることが、「最後の女」になりたい女性を喜ばせるポイントです。

【理想のタイプ】男は「周囲に自慢できる女」がタイプ、女は「自分好みの男」がタイプ

意外かもしれませんが、銀座のクラブには元ホステスや経営者といった、女性のお客様もいらっしゃいます。

理想のタイプについて、男性同士、女性同士で話しているのを聞いていると、明らかに違いがあります。

男性は、わかりやすくいえば「女子アナの○○っていいよね」「CAも色っぽいよね」「モデルの□□も好きだな」と、不思議と女性たちの名前を肩書き付きで呼んでいます。そして、こうしたモテの王道ではない、ぽっちゃりした女性、ちょっと影のある女性を好む男性がいると、「デブ専」「マニアックだなー」などとからかったり、揶揄(やゆ)したりします。

周りが認める美女を成功の証しとして妻にする「トロフィーワイフ」という言葉があるように、男性は自分より他者の目を気にして女性を選ぶ人が少なくありません。成功者に結婚・離婚を繰り返す人が多いのは、本来の性格的な相性より、周りがどう思うかで相手選びをしているから、というのも理由のひとつかもしれません。

それに対し、女性同士は「手がキレイな人が好きなんだよね。俳優の○○がピアノを弾いてるところにグッときた！」「本の話ができる、読書好きの人がタイプ」「マッチョな人しか目に入らない」などと、それぞれが自分の好みを楽しそうに語り、「その気持ち、わかる！」と共感し合います。互いに好きなタイプが違っても、相手の好みをからかうようなことはまずありません。

もちろん、「身長175cm以上」「年収800万円以上」などとスペック重視の女性もいますが、それはあくまで第一次選抜の基準であって、そこを通過した人の中から自分の好みの男性を見つけようと考えています。

女性は男性を「一緒に子どもを作り、育てていく相手」として見ていますから、どんなモテ男でも、自分がいいと思わなければ目もくれません。

そういえば、誰もがうらやむハイスペ男性と婚約した先輩ホステスが、入籍直前で婚約破棄したという大事件があったのですが、その理由が「恋人つなぎしたとき、手の関節がゴツゴツ当たってしっくりこなかったから」。

そんなことで!? と思いますが、先輩にとっては触れ合うことの気持ちよさや安心感が得られないのは、大問題だったのでしょう。**自分の好みに忠実で、ちょっとした違和感をスルーできないのが、女性という生き物なのです。**

男性には「彼氏と不仲」、女性には「共感」でアプローチ

となると、男性を攻略するには、自分の価値を高めるのが一番です。最も効果的なのが、一度、別の男性から認められたことのある「彼氏持ちの女性」になること。ただし、彼氏とラブラブだとアプローチしてくれませんから、「最近、どうもうまくいっていない」と隙を見せることで、男性の気を引くことが可能です。

今、彼氏がいない人は、彼氏の有無をはっきりさせないのもひとつの手。そのあいまいな状態が、男性に追いかけてもらうポイントになります。

好みが細分化している女性の攻略法は難しいのですが、「共感」を糸口にするのがおすすめです。そこで黙ってひたすら相手の話を聞いているだけだと、「つまらないのかな？　話が合わない……」と思われてしまいます。

「僕は全然そういうのわからないけれど、○○ちゃんのそういう考え方、いいと思う」

こんなふうに共感の気持ちを示すことで、まずは恋愛圏内に入れてもらうことを目指してくださいね。

男と女のHAPPYトーク

好きな人と距離を近づけたいとき

彼氏がいる＝すでに誰かに選ばれた価値のある女を演出し、「うまくいっていない」と隙を見せることでアプローチしてもらえるきっかけを作ります。

最近、彼氏と
うまくいっていなくて……

○○ちゃんのそういう考え方、
いいと思う！

好みが細分化している女性は、何が刺さるかわからないので、まずは共感の姿勢を示して心の距離を近づけましょう。

【恋愛のスタンス】男は純愛を求める、女はシンデレラストーリーを求める

恋愛に求めるスタンスは、人によって違いますよね。お互いに対等な同級生同士のような関係もあれば、相手のわがままを受け入れる母性愛・父性愛的な関係もあります。なかには、師弟関係のような男女もいれば、お互いに高め合う意識高い系の付き合いを好む人もいます。

とはいえ、やはりそこには男女差があると私は思います。

私は根っからのオタク気質なので、**男性のお客様がどんな恋愛スタンスを心地よく感じるのか、いろんな女性を演じ分けることで好みを探っていました。**たとえば、こんな感じです。

・「**清楚系純愛**」**タイプ**

出会った日時は必ず覚えておいて、「あの出会いから半年だね」「1年だね」と特別感を演出。誕生日はなるべく早く聞き、記念日は外さないように年間で計画を立ててアプローチする。

・「**女王様オラオラ**」**タイプ**

ドSな態度がウリ。シャンパンも「いいよね?」とどんどん入れてしまうオラオラ営業スタイル。

・「**母性愛**」**タイプ**

話す速度や展開をスピードアップ。一人ひとりを「恋人設定」にして、距離感も30cm以内に詰め、おしぼりで顔を拭いてあげたり、ドリンクを飲ませてあげたり。ときには叱ることも。

「女王様オラオラ」タイプは、お客様に無理をさせてしまうので、長くお付き合いしていただくことができなくなってしまいます。一度、年収400万円のお客様に1カ月で200万円も使わせてしまい、結局お店に来なくなってしまう……という申し訳ないことをしてしまったこともありました。「母性愛」タイプも八王子時代はよかったのですが、銀座ではゆったり会話を楽しみたいというお客様も多いので、最終的に残ったのが「清楚系純愛」タイプというわけです。

普段は「バカにされたくない」とかたくなに口にはしませんが、どんなに遊び慣れていても、クールに見えていても、男性は思いのほか純愛が大好き。この純愛アプローチでお客様を逃したことはほぼゼロです。

赤面するような純愛的なセリフが意外に男性には刺さるのです。

ちなみに、次に紹介するのは、私が実際にお客様に送ったメールです。

・「今、○○さんと過ごしたこの1年のことを考えてたよ。信頼できるパートナーに出会えた私は幸せ者だね。1年前はこんなに純粋に人を想ったり、あたたかい気持ちになるなんて思いもしなかった。こんな気持ちにさせてくれた○○さんに本当に

感謝しています。2年目もよろしくお願いいたします」(出会った2周年記念のメッセージ)

・「考えてたんだけど……0時になる瞬間は大事だからお客さんとは過ごしたくないな」(年越しイベントでお店に呼ぶ場合)

女性の目には「単なる営業メール」と映るかもしれませんが、営業だとわかっていても、「もしかしたら、本当に俺のこと好きなのかも」と思うのが男性なのです。

では、女性はどうでしょうか。

基本的に女性はシンデレラストーリーが大好物。王子様と運命的な出会いをすることへの憧れは、程度の差こそあれ、女性なら誰もが一度は抱いたことがあるのではないでしょうか。

これまで、恋愛やホステスの仕事の参考資料として多くの韓国ドラマを観てきましたが、やはり運命の出会いは定番中の定番。幼少期に出会っていた男女が、大人になってから運命の再会を果たし、何度も道端やお店でバッタリ会うことを繰り返し、距離を縮めていきます。ドラマの主な視聴者は女性ですから、これだけ運命の出会いが多いということは、やはり女性の憧れが投影されているからと考えるのが自然です。

そんな劇的な出会いは、現実にはなかなかないと頭ではわかっているのですが、たまたま共通点が多かったり、連絡しようと思ったタイミングで向こうからＬＩＮＥが来たりすると、「もしかしたら運命の相手かも」という気持ちが芽生えてくるものなのです。

素直な感情表現を喜ぶ男性、運命にキュンとくる女性

というわけで、**相手の男性の恋愛スタンスがわからない場合には、遊び上手なイイ女風の美女を気取るより、自分のことを真摯に想ってくれる純粋な女性を演じるのが正解です。**

具体的には、感動したとき、楽しいとき、うれしいときは、必ず想いを口に出し、素直に感情表現するのがおすすめです。男性は、相手の気持ちを察するのが苦手なので、わかりやすい感情表現をする女性を素直＝ピュアだと感じます。

ちなみに、相手に尽くしすぎたり、いつも相手のことだけを考えたりするのは、純愛ではなく、執着です。自分の世界をきちんと持ちながら、一緒にいるときは目の前の相手のことに100%集中してくださいね。

女性に「運命の相手」だと思ってもらうには、共通の話題で「わかる、わかる！」「そうだよね！」と共感してみせて、いかに盛り上がれるかが勝負です。

LINEでも、メッセージを送る間隔（即レスか、3時間で1往復するくらいか）、スタンプや句読点の使い方、文章の長さや改行のしかたなど、できる限り相手のLINEのクセに合わせ、「なんか、この人と私って似てる」「話しやすい」と思ってもらえる文面を目指しましょう。

男と女のHAPPYトーク

好感度を上げて恋愛対象になりたいとき

「おいしい」だけでもいいのですが、さらに「あなたと一緒だから」というフレーズを付け加えると、彼をキュンキュンさせることができます。

おいしい！　〇〇（相手の名前）と一緒に食べてるからかな♡

僕もそう思ってた。同じだね！

似ている点が多いと感じさせることで「こんなに共通点が多いなんて運命の相手かも」と思わせることができます。

【モテ】男のモテはフットワークの軽さで決まる、女のモテはギブできるかで決まる

よく後輩ホステスから「お客様からＬＩＮＥの返信がない」という相談を受けていたのですが、やっぱり営業ＬＩＮＥに律義に返信をくださるお客様はそう多くありません。

だからこそ、売れっ子ホステスは、同じ文面を一斉送信したりせず、お店で話した内容をもとにお店に来ていただけるような文面を考えるのですが、なかにはマメにきちんと返信をしてくださるお客様もいるんです。

そういったお客様には共通点があります。

それは、非常にモテる方が多いということ。かといって、失礼ながらルックスも財力もとりわけ抜きん出ているわけではありません。でも、ひとつだけ他の男性のはるかに上をいく能力があります。**とにかくフットワークが軽いんです。**ＬＩＮＥの返信ひとつとってもそうですし、相手が話題の映画の話を始めたら「じゃあ、一緒に観に行こうよ！」とすぐ口にして、あっという間に予定をすり合わせて行く日を決めてしまいます。**タイミングを逃さないから、恋愛のチャンスにも自ずと恵まれやすくなるというわけです。**

真のモテ女は男性からチヤホヤされるだけじゃない！

モテる女性と聞いて、「男性からチヤホヤされて素敵なホテルで豪華ディナー……」といったイメージを抱くかもしれませんが、それは大きな勘違いです。

真のモテ女は、男性から何かしてもらうばかりではなく、「ギブ」できる人ばかり。たとえば、うちの店で伝説のホステスと呼ばれていた先輩は、年商１００億円企業を複数経営している実業家の妻の座を射止めたのですが、夫に頼ることなく美容・エステ関連の会社経営に乗り出し、彼女自身も経営者に。ボランティアにも精を出し、意識の高い後輩ホステスたちの憧れの的になっています。

『アベンジャーズ』シリーズなどで活躍し、ハリウッド随一のモテ女といわれるスカーレット・ヨハンソンも、三度目（！）の結婚をチャリティー団体を通じて発表し、高齢者に食糧を届ける活動を支援する寄付を募ったといいます。

見返りを求めない行動が心とお財布を開かせる

人からしてもらうだけのモテ女は、見返りを求めず行動できるモテ女には太刀打ちできません。私自身、ホステスを始めたばかりの頃は売り上げだけを追いかける接客スタイルでしたが、無理にお金を使っていただくと結局はご来店いただけなくなってしまうことに気づき、お手紙やプレゼントでお客様を常に気にかけ、本物の信頼関係を築くように心がけていたところ、八王子から銀座に移籍したときも50人あまりものお客様が移籍先のお店に来てくださるといううれしい出来事もありました。私もまだまだ修業中の身ですが、どうせならスケールの大きいモテを目指したいですよね。

男と女のHAPPYトーク

恋のチャンスを増やしたいとき

相手に何かしてもらうのを待つのではなく、自分から声かけや感謝を積極的にしていくと、思わぬ形でそれが恋や仕事に好影響を及ぼします。

いつもありがとう。〇〇さんのおかげで毎日楽しく過ごせてます

じゃあ一緒に行く？

話に映画や話題のスポットが出てきたら、その流れで自然に誘ってみましょう。ヘンに思われないか、断られたら恥ずかしいなんてことは考えなくてよし。その軽快さが恋のチャンスを呼び込みます。

【初対面】男は女っぽい女が好き、女は清潔感がある男が好き

出会った瞬間の初対面の印象は、言うまでもなくその後の恋愛を大きく左右します。

この仕事を始めた頃、私は背の高さを気にしてペタンコ靴を履いていたのですが、私をチラリと見ただけのお客様に「チェンジ」と告げられたり、ひと言も話していただけなかったりすることばかり。それが、いろいろな本で勉強したり、周囲のアドバイスを聞いたりしてハイヒールを履き、デコルテを大胆に露出したドレスを着るようになったところ、指名客がどんどん増えていったのです。

もちろん、会話やしぐさなども工夫したうえでのことですが、**やはり見た目の第一印象の効果は絶大。男性は「わかりやすく女っぽい女」を求めているのは間違いなく、長い髪に体のラインが出る服装、ハイヒールが鉄板です。**

男性が銀座に足を運ぶのは、わざわざ高いお金を払ってでも目の保養をしたいから。そして、あわよくば口説き落としたいと思っているからなのです。

ただ、確かに銀座にショートカットのホステスは滅多にいませんが、街に目をやればショートカットの美人、ボディラインのわからないルーズなシルエットの服でもおしゃれな女性はたくさんいますよね。

なのに、なぜ長い髪やボディラインの出る服を男性は好むのか……。不思議に思って調べてみたところ、**どうやらダーウィン的な進化の視点から心の働きについて研究する「進化心理学」が関係していることがわかりました。**男性が生まれながらに好きなのは、

- **若さ**
- **長い髪**
- **細いウエスト**
- **豊満な胸**

というベタな要素なんだそうです。これらは健康で子どもを産めることの指標になるとのこと。たとえば、髪は1年で約15㎝伸びますが、背中までのロングヘアは約60㎝なので、過去4年間の健康状態が髪に現れているということなのです。

「お風呂に入っている＝清潔感がある」は間違い！

女性はというと、初対面で重視するのは「清潔感」、これ一択です。

国内外で行われている「モテない男に関する調査」にはさまざまなものがありますが、どれも「清潔感のなさ」が例外なくトップにきています。**女性がよく口にする「生理的に受けつけない」というのが、清潔感のなさと言い換えることもできます。**

第一関門を突破してデートにこぎつけるには、「生理的に受けつけない」とシャットアウトされない清潔感が一番の武器になるのです。

ただ、この「清潔感」という言葉はふんわりしていて具体的なイメージがなかなか湧かないもの。多くの男性は「お風呂に入っているから、大丈夫だよね？」程度にしか考えていないことが多いんです。

極端な話ですが、1日お風呂に入っていなくても、パリッとアイロンがかかったシャツを身につけていれば清潔感を出せますが、きちんとお風呂に入っていても、寝癖がついていてシワシワのシャツを着ていたら、清潔感はゼロです。

清潔感は自然に任せていては生まれないもの。自ら作り出していく必要があるのです。

私はYouTubeで男性向けのモテコンテンツを発信しているのですが、清潔感が大事とお話ししても、「ただしイケメンに限る、だろ」というコメントをいただいて、とても残念な気持ちになることがあります。生まれながらのイケメンなんてほんのひと握り。見た目を磨けば、必ず結果は出ます。

女は上品で女っぽい服、男は爪のお手入れで第一関門突破を目指す

女性の場合、初対面で男性の関心を引くには、「長い髪、ボディラインの出る服、ハイヒール」で、わかりやすい女っぽさを演出しましょう。気をつけたいのは、ボディラ

インの出る服といっても、短すぎるスカートや谷間が露骨に見えるような服は上品さを損ねてしまうのでNGです。レースなどで一部が透けている「隠して見せる」ものや、ウエストに切り替えが入っていて、くびれがわかるワンピースなどを選びましょう。

普段はデニムやスニーカーばかりという人も、お付き合いが深まれば普段の自分らしいファッションを男性も自然に受け入れてくれるようになっていくので、**最初の入り口だけは「女っぽさのコスプレ」だと思ってまずは第一関門突破を目指しましょう**。

男性の場合、女性に対する第一印象をよくするには、

- **ヒゲ**
- **髪（寝癖がついていないか、伸びすぎていないか）**
- **鼻毛**
- **体臭**
- **口臭**
- **服装（シワがないか、サイズが合っているか）**

・肌（きちんと手入れされているか）

・爪

の清潔感に気を配ることが大切です。

特に女性は男性の爪や指先をよーく見ています。そもそも女性が備えている女性器は受け身なので、先端はとても大事。指先をきちんとお手入れしている男性は、行き届いた気遣いができると女性は判断します。爪が長い人は一瞬で恋愛圏外へと追いやられてしまうので、３日に一度は確認して、

①爪切り

②ヤスリがけ

③こまめな手洗い

④ハンドクリームでのケア

の４点セットを習慣にしてみてください。

男と女のHAPPYトーク

見た目を褒めるとき

男性は服や髪形にこだわりのない人が多いので、見た目を褒めるのは難しいことがあります。そんなときは「手がキレイですね」などとパーツを褒めるのもアリです。

初対面の女性を褒めると、たいてい「いやいや、そんなことないです」と謙遜しますが、あなたの言葉が本心か確かめたいだけ。一度褒めたなら、責任を持って最後まで褒め続けましょう。

【デート】男にとっては試合の場、女にとっては査定の場

男性にとってデートは、試合の場。本番の試合当日までに相手と相談してお店を決めたり、予約したり、ときには下見をしたり。そして、できれば手をつないだり、キスをしたり……なんてことを考えている男性もいるでしょう。

特に婚活を頑張っている男性に多いのが、結果を急ぐあまり、相手とのデートを真剣勝負の試合のように捉えてしまっていること。デートはあくまでお互いを知り合って信頼関係を築き、異性として魅力を感じるかを確認する場。一発勝負でどうこうするものではありません。

見た目の魅力は一瞬で判断がつきますが、信頼は小さな積み重ねから生まれるものなので、たった1回のデートで「自分は交際相手としてありですか、なしですか」と迫るのは賢明ではありません。

それに対して、女性にとってデートは査定の場。妊娠・出産できる期間が限られている女性は、1分たりとも時間を無駄にしたくはありません。デートでの言動を通じて、気遣いができる人か、頼りがいがあるかなどを観察し、付き合うに足る人物か見きわめていきます。

食事デートをおすすめしたい理由

試合に臨む覚悟で鼻息の荒い男性と楽しく過ごすには、食事デートを提案するのがおすすめです。

心理テクニックのひとつに、おいしい食事を共にすると、相手に好印象を与えやすいという「ランチョンテクニック」というものがあります。本来関係のない「食事」と「相手の印象」を無意識に結びつけてしまうのは、「連合の法則」によるものです。

食べることで口の中の感覚に意識が向き、普段より理性的な判断力が鈍るため、理想とは違う言動をあなたがとったとしても、それを受け入れやすくなるのです。

おいしいものを食べると快楽の感情が生まれることもあって、食事中の会話はポジティブに捉えてもらいやすく、「面白い話だった」「素敵な人だった」と話の内容や印象を現実の2、3割増しで魅力的に見せることが可能になります。

私が毎日、お客様と同伴の予定を組んでいたのも、食事をすることでグッと距離が近づき、要求を聞き入れてもらいやすくなるからです。

女性を誘うときは「デート」という言葉を使わない

一方、女性の厳しい査定をクリアするには、初期設定が勝負。女性を誘うときに「デート」という言葉を使わないようにするのです。「食事に行きませんか?」「映画に行きませんか?」と誘ってみてください。

女性の多くは、デートに誘われた＝男性がスマートにエスコートしてくれる、と自動的に思ってしまうもの。期待値が上がって、男性に求める基準が自ずと跳ね上がってしまうのです。自らハードルを上げてしまうことのないよう、くれぐれも「デート」という言葉の取り扱いには注意してくださいね。

そして、初デートでは「好かれる」ことより、「嫌われない」ことが大事。次のような接し方は絶対にＮＧです。

・いきなりタメ口でなれなれしく話す
・女性を「お前」と呼ぶ
・自分から話そうとしない
・愚痴ばかり言う
・住んでいる場所や過去の恋愛などプライベートに踏み込みすぎる質問を連発する

男と女のHAPPYトーク

食事デートの誘い方・OKのしかた

「誘ってくれてうれしい♡」でもいいのですが、「私も」とつけることで、より真実味を出すことができます。

私も行きたいと思ってたんだ♡

苦手なものとか、控えてるものとかあったりする？

苦手なものを聞くのはもちろんですが、女性はダイエット中だったり、食事に気を使っていたりする人が多いので、この聞き方であれば「できれば食べたくないもの」も聞き出すことができます。

【プレゼント】男は「モノ」を重視する、女は「想い」を重視する

男性も女性も、頑張って選んだプレゼントなのに、相手に全然使ってもらえない……ということってありますよね。不思議に思って調べてみたのですが、**脳科学では「感性が真逆の相手に発情する」といわれているんです。**

基本的にどんな生物も、「生殖相性のいい遺伝子の持ち主にだけ発情する」メカニズムをもっていて、私たちは、肌の質感、髪、骨格、しぐさ、声、触れた感じ、匂いなどから無意識のうちにさまざまな遺伝子情報をキャッチしています。

なかでも、**匂い物質のひとつであるフェロモンは、免疫遺伝子とその匂いの種類が一致していることがわかっていて、私たちは「自分とはまったく違う免疫を持つ相**

手」に惹かれるのだそうです。確かに同じウイルスに弱い人同士が結びついてしまったら、人類は滅亡してしまうかもしれないですよね。生物多様性の論理によって、免疫のバリエーションを増やしてきたのでしょう。

だから、惹かれ合う男女がすれ違うのは、言ってみれば当たり前のことで、喜ぶプレゼントにも男女差があるのです。

男性は、結果重視。自分が欲しいものをもらえれば形はどうあれ満足ですし、プレゼント＝愛情表現とダイレクトに捉えていますから、たとえ彼女からもらったものが自分の趣味に合わずタンスの肥やしになっていたとしても、幸せな気分であることに間違いありません。女性はよく「せっかく贈ったのに、全然使ってくれない」と嘆きますが、彼は実際には喜んでくれていますから、心配しなくても大丈夫です。

一方、プロセスを重視する女性は、プレゼントを通して「どれだけ自分を想ってくれているか」を感じたいもの。だから、「何が欲しい？」と聞かれるとつまらなく感じてしまいます。「あのとき、あの限定バスクチーズケーキ食べたいって言ってたよね」と、自分が話したことを覚えていてくれて、さらにわざわざ行列に並んで手に入れてくれたという行為に愛情を感じます。

男性には欲しいものを直接聞くのが一番

結果重視の男性へのプレゼントは、ズバリ「何が欲しい？」と聞いてしまうのも◎。自分で選ぶ場合も、彼が使っているブランドのものなど、彼のセンスに合わせたものを選んだほうが使ってもらえる可能性は高まります。

私はお客様に、定期的に贈り物をしていました。いろいろなお店に飲みに行かれるお客様ほど、他店のホステスからもプレゼントを受け取っているので、差別化しなければ印象に残りません。印象に残らないというのは、優先順位を下げられてしまうということ。ホステスは人気商売ですから、それは最も避けたいことなんです。だから、手紙を必ず添えるのはもちろん、プレゼントも買ったものだけでなく、お客様と撮ったツーショット写真でアルバムを作って贈っていました。**2人だけの思い出を積み重**

ねたアルバムは、特別感を演出するのにもってこいのプレゼントなんです。

ちなみに異性でも同性でも一緒に写真を撮ると、親密度が上がることが心理学で証明されています。デートではなるべく一緒に写真を撮るようにしてくださいね。

女性には「私のことをこんなに考えてくれてるんだ」と思わせるものを

プロセス重視の女性へのプレゼントは、日常会話や彼女のＳＮＳの中にヒントが隠れているはず。それをもとに、彼女が「私のことを想って選んでくれたんだ♡」と喜んでくれそうなものをセレクトしてみてください。

また、誕生日は「バッグ」、クリスマスは「アクセサリー」など、定番化させるのもひとつの手。すると、彼女のほうも「今年はこんなのが欲しいな」というのを匂わせてくれるようになります。

なお、これは女性におすすめのテクニックですが、落としたい相手がいる場合、小さなものでもいいので何かしらプレゼントをもらえるように仕向けると、恋が実りやすくなります。

プレゼント＝好きな人にあげるもの、という刷り込みがあるため、「プレゼントをあげたのだから、自分にとって大切な存在のはず」と自分の行為に感情が引きずられて錯覚を起こすのです。

男と女のHAPPYトーク

プレゼントのやりとり

誕生日に欲しいものある？

モノ選びにまつわるストーリー性を重視する女性と違い、結果重視の男性はモノそのものを正当に評価するため、欲しいものを聞いてしまっても嫌がられることはありません。

これ、この前欲しいって言ってた○○だけど

会話の中で出てきたものを覚えていてプレゼントしてくれたら、女性は「私の話をちゃんと覚えていてくれたんだ」と感激してくれるはず。

【愛情】男は行動を重視する、女は言葉を重視する

男性は、LINEをしたり、週末にデートをしたりしていること自体が、愛情表現だと考えがちです。これだけ時間とお金と労力を傾けているのだから、愛しているに決まっているし、それを相手もわかってくれているだろうと思っています。**また、セックス＝愛情だと考えるので、それなしでは相手からの愛情を実感できない生き物なのです。**

感情表現が苦手な男性は、女性の心情を読み取ったり、察したりするのが大の苦手。だからこそ、相手の行動や自分にしてくれることを通して、愛情を確かめようとするし、自分も行動することで愛情を表現します。

でも、**ここが大きなすれ違いポイントなんですね。女性は、言葉で愛情を実感する生き物。男性は、一生懸命デートのために時間を捻出したことで満足してしまうので**

すが、女性はそれよりも「愛してるよ」「元気ないけど大丈夫？」というひと言のほうがうれしかったりします。

こうした男女の特性を利用するのが、いわゆるホステスやホストです。

男性は行動を重視するので、私も同伴はもちろん、出勤前の5分、10分だけ、お茶をする時間をなるべくたくさんのお客様と持つようにしていました。お店以外で会う時間を少しでも増やすことで、お客様は特別感を抱いてくださいますし、「私と会ったり話したりする時間は、〇〇さん（お客様）にとってどういう時間なの？」と質問し、好意的な言葉をお客様自身に口にしていただくことで関係をますます強固なものにできるのです。

「プライベートで会おう」とお客様に言われたときにも「プライベートでお茶してるでしょ？　私の気持ち、全然わかってくれてないんだ。お客さんとはそんなことしないのに……」と、10分間のお茶が気を持たせながらも私生活を守る盾にもなってくれるのです。

ホストは、「本気になってもいい？」「お前じゃないとダメだ」「俺以外見るな」「ずっと一緒にいようね」などと、甘い言葉を使って女性客の心をつかみます。言葉を重視する女性の心理を知り尽くしているからです。

男性は「自分から会いに来るか」、女性は「セックスの有無」がポイント

彼がきちんと時間、労力、お金をあなたに注いでくれているのなら、たとえ甘い言葉がなくても心配する必要はありません。感情表現が苦手な男性の愛情の度合いを知るには、**「私のことどう思ってるの?」と詰め寄るよりも、「行動」に注目するのがおすすめです。**口でならどうとでも言えるので、言葉に注目すると真実が見えにくくなってしまうからです。

男性が本気で恋しているときは、自分から進んで時間を作り、会いに来ます。彼から「来てよ」と呼ばれるばかりのときは、残念ながらあなたは「都合のいい女」。たいていがヤリモクです。

女性は、やっぱり言葉を欲しがるので、男性は頑張って言葉で愛情を表現してみてください。直接言うのが恥ずかしければ、ＬＩＮＥや手紙でもＯＫです。

女性の愛情の度合いを知るには、セックスの有無に注目してみましょう。女性の性欲は、感情とリンクしています。「男性から大切にされている」という感謝の気持ちが強い愛情となり、体を重ねたいという思いにつながります。だから、セックスがないということは、強い愛情が生まれていない、もしくは感情的なしこりがあるということ。好きだと言ってくれているけれど、体の交わりがないという場合は、本気度を疑ってかかったほうがいいかもしれません。

男と女のHAPPYトーク

相手の本気度をはかるには

会いに来て♡

本当にあなたに愛情があれば、お願いを聞いてくれるはず。いつも呼び出されるばかりという場合は、遊びの可能性が。早めに見切りをつけるのが賢明です。

今日はお泊まりしよ

こう誘っても彼女が体の関係を避けるときは、あなたに不満があったり、本気ではない可能性が。心当たりがあるなら、早めに何に不満を持っているのか探り当て、改善に乗り出しましょう。

【セックス】男にとっては快楽追求、女にとっては愛情確認

セックスに対する考え方も、男女で大きく異なります。男性は自分がいいように動くことができるので快楽を得やすいことから、セックスそのものがしたい、好きという人が多いのです。また、支配欲や承認欲求を満たすためという場合もあれば、彼女とはセックスするものだという義務感からセックスをしていることもあります。

女性が彼の本気度をセックスで見きわめるには、性行為の後の、いわゆる賢者タイムに注目しましょう。性行為を終えた男性は、生理現象としてボーっとしたり、冷静さを取り戻して急に本音を口にしたりすることがあります。男性は自分でもその自覚があるため、本命女性にはこうした自分の素が出てしまわないよう気を使うもの。賢

者タイム中の言動に気遣いが見られないときは、彼の愛情を疑ってかかるのが正解です。

女性は基本的に受け身の性なので、セックスのときは男性にとても気を使っています。だから「ちょっと痛い」と口にしたときは、相当痛いというのが本音。男性は、行為中に痛さを我慢していないか声かけをしてあげて。ただ、セックス中の「だめ」「やめて」は99％建前。本音は「もっとして」なので、くれぐれも本気にしてやめないでくださいね。

男と女のHAPPYトーク

セックスの最中と後

のど渇いてない？

賢者タイムに入った男性は、放置しておくに限ります。必要な声かけだけして、ボーっとさせておいてあげましょう。

痛くない？

セックスはどうしても男性主導になりがちで、女性は要求を口に出しにくいもの。常に「痛くない？」と気遣ってあげて。

【浮気・不倫】男の浮気は副業、女の浮気は転職

男性の浮気・不倫は、まさに副業のようなもの。バレなければ、うまく両立させたいという人が大多数を占めます。

有名人の不倫が連日のようにニュースになり、「え!? あんなにキレイな奥さんがいるのに?」「仕事も家庭もうまくいっているのに、なぜ? 何に不満があったの?」という声が多いのですが、彼女や妻とのセックスに満足していても、関係なく浮気・不倫に走る男性は少なくありません。

男性の場合、浮気や不倫、セックス=愛情とは限らず、承認欲求や支配欲なども関係していることが多いので、浮気相手と家庭とは別物だと考える人も多いものです。ホステスを口説く既婚者のお客様は、まさにこのタイプ。男性はある程度仕事が安定し、収入が増えてくると浮気・不倫をしやすくなります。

女性は、二股をかけていたとしても、彼氏と別れたら浮気相手とそのまま付き合ったり、結婚したりするケースが目立ちます。職場を変える転職のように、付き合う相手を変えるのです。交際相手や妻に不満がないのに浮気・不倫をする男性とは違い、女性は彼氏や夫では精神的に満たされず、不安感が強いときに浮気・不倫に走りがちです。

週末になると彼と連絡が取りづらくなる、家にあげてもらえない、住んでいるところを教えてもらえない、という場合は、「副業」扱いされている可能性が大。マッチングアプリでの出会いに多いパターンですので、くれぐれも気をつけてくださいね。

- **将来の夢やプランについて話し合う**
- **一緒に出かけて思い出づくりをする**

のように、「現在」だけでなく、「未来」や「過去」を共有する関係づくりができない相手とは、長く付き合うだけ時間の無駄。関係に見切りをつける勇気を持ちましょう。

男と女のHAPPYトーク

浮気を見抜くには

浮気してるでしょ？

動揺したり、キレたりする場合は、クロであることが多いですね。普通に「してないよ」とシンプルに答えるのは、本当にしていないか相当な遊び人かのどちらかです。

最近、キレイになったね

こう言ってカマをかけてみましょう。クロであれば、隠しているつもりだったのに、もしやバレた!?　と動揺する可能性が大です。

第3章

男と女の本音 ～コミュニケーション編～

【会話】男は単刀直入、女は匂わせ

「なんでわかってくれないの」と急に怒り出したり、いきなり不機嫌になって黙り込んだり。そんな女性の態度に「いったい何が起きたんだ!?」と頭を抱えてしまった経験が、男性なら一度はあるのではないでしょうか。

ホステスは、こうした態度に男性が困惑しているのを知っていますから、あえて単刀直入な物言いをするところもあるのですが、女性は基本的に察してほしい生き物。ストレートに要求して拒絶されるのを怖がるので、自分がしてほしいことをあえて相手に質問したり、実際にしてあげたりして、察してもらおうとします。

女性は自分が察する天才なので、相手もそうしてくれて当然と考えるからです。察する能力が高いのは、誠実そうに見えて浮気者だったり、狩りが下手だったりするオスをふるい落とし、一人の優秀なオスを選ぶために駆使してきたメスの本能的な観察力が物を言うからです。

ところが肝心の男性は、女性がいくらわかりやすいパスを出しても、いっこうに気づいてくれません。

デートの途中で「お腹空いてない？」と女性が聞いてきたら、「お腹が空いたから、どこかお店に入りたい」という意味なんです。それなのに男性は「ううん、まだ空いてない」と答え、特に気にしないという人もめずらしくありません。これでは、女性のご機嫌を損ねてしまうこと確定です。

なぜ、男性はこれほどまでに察することが苦手なのでしょうか。それはやはり「妊娠・出産のリスクがないオスは、メスをふるいにかける必要がない」から。髪形が嫌だのメイクが嫌だのという細かい粗探しをする必要がなかったため、観察力が磨かれなかったというわけです。

察するのが苦手な男性には率直に説明、女性には謝罪

察する力が低い男性には、いくらイライラしても時間の無駄です。たとえば、病気で寝込んでいる妻に「ご飯は？」と聞いてしまう夫も、男性の特性からすれば本当にただ「事実を単刀直入に確認しただけ」。そこで察してくれないとキレるのではなく、「具合が悪いから、何か買ってきてもらえる？」と具体的に説明すれば、素直に買いに走るのが男性という生き物なのです。

女性は、察する＝愛情表現だと思っているので、察してもらえないことに男性が考えている以上に深く傷ついています。くれぐれも「言ってくれたらやったのに」などと言わず、「気持ちをわかってあげられなくて、ごめんね」とひと言謝れば、無駄なケンカをしなくて済みます。

女性自身も、察する＝愛情表現という考え方をやめると、相当ストレスが減るはず。銀座のお店でも、さりげなくお客様にわかっていただく、というのは無理な話で、帰ってほしいときは、はっきり「今日は先約があるから帰ってもらえる？」とお願いして

いました。また、指名してほしいときも、はっきり「○○さんともっとお話ししたいから指名してもらえる?」とお願いしていました。

「気持ちをわかってあげられなくて、ごめんね」のひと言を彼から引き出したい場合には、彼が寝坊や忘れ物などをしたときに、「気づいてあげられなくて、ごめんね」という声かけを習慣化していくといいでしょう。

男と女のHAPPYトーク

気持ちのすれ違いを防ぎたいとき

「何で察してくれないの？」とキレるより、男性が失敗したときにこの声かけを繰り返し行うことで、彼にこのフレーズを刷り込むことができます。

気づいてあげられなくてごめんね

気持ちをわかってあげられなくてごめんね

男性に察してもらえないと、女性は傷つきます。「言ってくれなきゃわからない」ではなく、まずはこう謝罪してフォローしましょう。

【アイコンタクト】男にとっては自信を表す、女にとっては隙を表す

一目惚れをすると、人は無意識のうちに相手を5～7秒見つめてしまうといわれています。好きな人のことは思わず見つめてアイコンタクトをとろうとしてしまうものなんですね。

それだけに、言葉ではない非言語コミュニケーションと好感度の関係を調べた心理学の実験があるのですが、アイコンタクトは笑顔に次ぐ2位。3位の髪色、4位のボディタッチよりも上位にきています。

銀座時代に感じていたのは、このアイコンタクトの役割にも大きな男女差があるということ。男性のお客様は、シャイでアイコンタクトが苦手な方が多く、私が視線を

外すとチラッとこちらを見てくる……という程度。その中で、遊び人として有名だったAさんの席に初めてついたときは、私をあまりに堂々と見つめてくるので戸惑ってしまいました。「どうかされました？」と聞いたところ、「あ、ごめんごめん、あんまり可愛いから目が離せなくて」とおっしゃるではありませんか！　本来なら、こうした仕掛けはホステスがしなければならないものなのに、お客様に先手を取られてしまったのです。

Aさんは視線の使い方がお上手で、じっと見つめていたかと思えば、急に視線を外すのです。こちらが「え!?　何か粗相しちゃった？」と不安になっていると、再び視線を合わせてニコッと微笑み、「どうかした？」とひと言……。このときは、完全に手玉に取られてしまいましたが、次からは私が別のお客様にこの手を使わせていただき、リベンジを果たしました。

アイコンタクトが苦手な男性と上手な男性の違いは、自分に「自信」があるかどうか。目が合っても下を向いてしまったり、目がキョロキョロ泳いだりと、すぐ視線をそらしてしまう男性は、「この人、モテなさそう……」と女性から思われてしまいま

す。自信のなさが視線から透けて見えてしまうのです。バシッとアイコンタクトが取れるようになると、自信と余裕が生まれて女性にモテるようになるので、ぜひ意識してみてください。

女性にとってのアイコンタクトは「隙」の表れ。特に美人でもなく、コミュニケーションの達人でもないのに、なぜかモテる女性っていますよね。彼女たちを観察していて気づいたのは、意識しているのかしていないのかはわかりませんが、**とにかく男性の目をじーっと見つめている時間が長いということ。自ずと男性に「なんでこんなに見つめてくるんだ？　もしかしてオレのこと好きなのか？」と思わせてしまうものなのです。**

「隙がない」という悩みを持つ女性は、意識してアイコンタクトをとってみることをおすすめします。

ちなみに、アイコンタクトが苦手なホステスの中には、お客様のまばたきの数を数える、という裏技で目を見つめる時間を増やしている子もいましたね。やっぱり興味のない男性の目を見つめるのって大変なんです。**私は「お客様全員が恋人」という設**

定で接客していたので、そういう苦労はなかったんですけどね♡

男性は「安心させる」、女性は「共感を示す」

女性は、アイコンタクトが上手にできる男性に惹かれがちなのですが、遊び人が圧倒的に多いので、私としてはあまりおすすめできません。アイコンタクトが苦手な男性を育ててあげる、という意識を持つと、恋愛対象がグッと広がります。

自信のない男性は、安心させてあげるのが一番。こちらから視線を合わせてニコッと微笑み、「○○さんと話せて楽しいです」と言ってあげましょう。ただし、好意のない男性にむやみに多用すると、勘違いさせてしまうので気をつけてくださいね。

女性がアイコンタクトを取ってくるときは、共感を求めて心を開いている脈ありサイン（先ほどお話ししたように、天然の場合もありますが）。タイミングを逃さないよう、しっかり相手の女性の目を見つめて、「聞いていますよ、共感していますよ」とアピールして好感度を高めましょう。

男と女のHAPPYトーク

好感度を上げたいとき

【刺さる褒め方】男はナンバーワンになりたい、女はオンリーワンになりたい

男性はわかりやすく褒められるのが大好き。銀座時代には「○○さん最高～！」のような、女性なら疑ってかかるであろうふわっとした褒め言葉のメールを送って、とても喜ばれていました。

これは、男性の「競争に勝って複数のメスを独占したい」という本能によるもの。女性が思う以上に「一番になりたい。認められたい」という欲に、男性は無意識のうちに突き動かされているのです。だから、誰にでも当てはまるような褒め言葉でもうれしく感じ、頑張る原動力になるのです。

それに対し女性は、優秀なオス一人に選ばれることを目指すのが、本能に刻み込まれた宿命です。ホストクラブで女性客同士が争うのも、「オンリーワン」の座を手に

入れるためなのです。

こうした心理を知らない男性がうっかり「君が一番だよ」と言ってしまうと、「何それ!? 他に二番目、三番目がいるわけ?」と、好意を伝えたつもりが逆効果になってしまいます。

男性には賞賛の言葉、女性には真逆の印象を表す言葉が刺さる

男性には、とにかく賞賛の言葉で男心をくすぐってあげましょう。

「あなたが一番」
「最高」
「すごい!」

など、単純な褒め言葉でもいいですし、

「このお笑い芸人さんより、〇〇のほうが面白いよ」
「俳優の〇〇は、イケメンだけど首が短くてタートルネックがいまいち似合わないね。タートル着るなら、あなたみたいなほっそり長い首じゃなくっちゃね」

など、**具体的に能力やパーツを誰かと比較して褒めることも、「一番になりたい」男性のプライドを満足させてあげることができます。**

反対に誰かと比較してけなすことは、男性に大きなダメージを与えてしまうので、気をつけてくださいね。

「オンリーワン」の存在になりたい女性には、褒め方にも少し工夫が必要です。「さすが！」と褒めても、男性のように無邪気に喜ぶことは少なく、「上から目線で評価されてもなー」と感じてしまう人が多いのです。

そんな女性に刺さるのは、「自分でも気づいていない自分の魅力」を褒められること。

「え⁉　そんなの見抜けるわけないよ！」と思ったかもしれませんが、人には誰しも二面性があるもの。相手の印象と真逆のことを言ってあげると、相手に「この人は私をわかってくれている！」と思わせることができます。

たとえば、明るいタイプの女性に「人気者で友だちも多そうだけど、一人の時間もちゃんと大切にしていそうだよね」と言えば、「なんでわかったの⁉　一人でカフェで本読むのも好きなの」というリアクションが得られる可能性が大。他の人とは違って、本当の自分を理解してくれていると思わせることができます。**これは、表に出していないほうの自分を、人は「本当の自分」だと思っているためです。**

明るい女性に「元気だね！」と褒めるのも悪くはないのですが、みんなから言われ慣れていて印象に残りにくいんです。たとえ、言われた内容が実際とは違っていても、それがポジティブな印象であれば「私って、そんなふうに見えてるんだ」「今まで気づかなかった新しい私を、この人が見つけてくれた」と感じ、強く印象付けることができます。

私もお客様から「キレイだね」と言われるよりも、「そういう考え方、斬新で面白いね」と言われたほうが、特別感があってうれしかったですね。

男と女のHAPPYトーク

相手に刺さる褒め方をしたいとき

わかりやすすぎるベタな褒め方が、男性には刺さります。あれこれ褒め言葉を考えるより、シンプルな褒め言葉をたくさん投げかけてあげましょう。

○○が一番だよ！

人気者で友だちも多そうだけど、一人の時間もちゃんと大切にしていそうだよね

見た目や持ち物を褒めるのに加え、こうしたひねりのある褒め言葉も使って「オンリーワン」感を演出していきましょう。

【信頼】男にとっては勝ち取るまでが勝負、女にとっては継続が命

恋愛には、信頼関係が必須だといわれます。秘密を共有すると、お互いそれを守ろうとする中で信頼関係が生まれ、絆が強まります。職場恋愛や不倫が盛り上がるのもそのためです。

ただし、男性の考える「信頼」は、ある程度努力して勝ち取ったら、そこで努力は終了、というもの。恋愛初期は毎日のように来ていたＬＩＮＥが、関係が落ち着くにつれ目に見えて減っていくのも、「信頼関係を築けたんだから、毎日連絡しなくてもいいよね？　もうこれ以上頑張りたくない」という男性特有の思考回路によるものなんです。

その点、女性は「完全に信頼関係が築けた」と感じるハードルが、男性より高いよ

うです。男性が1の努力でいいと考えるところを、女性は10の努力が必要とし、しかもそれを継続すべきと考えるため、大きなギャップが生まれることになるのです。

男性にはときどきケンカを吹っ掛けてマンネリ防止

「もう頑張りたくない」という男性に、努力を無理強いすると逃げられてしまいますが、頑張りを要求せずに放置しすぎると愛情ダウンや浮気の原因になるので、さじ加減が難しいところです。

ちなみに私は、信頼関係ができているお客様には、マンネリ化を防ぐために「やきもち5倍作戦」を決行していました。たとえば、他のクラブに行ったお客様には、最初は「他の店に行くのが嫌なんじゃなくて、他の女の子と話すのが嫌なの」と柔らかく入って逃げられないようにしたうえで、「お酒飲みたいなら普通のバーに行けばいいでしょ！」「いつも私から連絡してるよね？」と徐々に怒りを爆発させながらあえてケンカを吹っ掛けます。ときには、コップの水をかけたり、ビンタをしたりすることも……。**実は、たまにする激しいケンカは脳科学的にカップルの仲を熱く燃え上が**

らせるということがわかっているそうです。

男性は、女性から理不尽な（と男性が思っている）言いがかりをつけられると、脳が強いストレスを感じて男性ホルモン「テストステロン」を分泌させ、性的な能力を高めて独占欲や闘争心が生まれるとのこと。

頻繁にケンカをするのは考えものですが、時々ならケンカは2人の関係を継続させるいい起爆剤になってくれるのです。

女性には先手を打って不機嫌を防止

では、信頼関係の維持に努力を求め続ける女性を、男性はどうケアしていけばいいのでしょうか。それは、仕事と同じように、「問題が起こりそうであれば、先手を打つ」のがおすすめです。

別件で忙しく、ある取引先への対応が後回しになってしまう。そんなときは、「○日までお時間をいただくことは可能でしょうか」と先方にお伺いを立てますよね。それと同じことを、彼女にもすればいいのです。

「○日までは忙しいけど、それが終わったら旅行に行こう！」

こんなふうに先手を打っておけば、「いつも放っておかれて付き合っている気がしない」「友だちの彼氏はもっとマメだ」という彼女の集中砲火から逃れることができますし、彼女自身もいつまで待てばいいのか明確になるので不機嫌になることもありません。

ただし、その約束を守らなければ地獄を見ることになるのを、くれぐれもお忘れなきように。

男と女のHAPPYトーク

信頼関係を維持したいとき

信頼を得る努力をサボりがちな男性には、ときどきでいいのでやきもちや難癖をつけて適度な刺激を与えてあげましょう。

いつも私から連絡してるよね？

○日までは忙しいけど、それが終わったら旅行に行こう！

マメな連絡やデートなどを求める女性には、仕事の取引先と同様、不満を先読みして先手を打っておくことで、関係悪化を防ぐことができます。

【ケンカ】男は黙る、女は言い募る

前項でお話ししたように、たまのケンカはいい刺激になりますが、しょっちゅうとなると話は別ですよね。

険悪なムードになりがちなのが、男性が黙り込み、女性が言い募る、というパターンのケンカ。そして、女性が「黙ってちゃわからないよ。ちゃんと話し合おうよ」と言っているのに、男性は「今こんな状態で話しても、また言い合いになるだけだから」と話し合いを避けることで、女性の怒りがヒートアップしてしまうこともめずらしくありません。お店で私がお客様に理不尽なケンカを吹っ掛けたときも、言い合いが平行線になると黙り込む……という方がほとんどでした。

なぜ、こんなふうにすれ違ってしまうのでしょうか。

男性は、男同士のケンカであれば、自分の正しさを主張して争いに勝とうとしますが、相手が好きな女性だとブレーキがかかって「耐える＝黙る」という行動に出るのではないか、というのが私の見立てです。男性は結果重視なので、話し合って解決するにせよ、怒りが頂点に達している女性と話し合ってロクな結論が出るわけがないと思ってしまいます。無駄な話し合いをするよりも、女性の怒りが収まって冷静になったうえで話し合ったほうがいいと考えているのです。

ところが、プロセス重視の女性は、自分の気持ちを吐き出して相手に受け止めてもらいながら感情を整理し、考えをまとめていきたいと考えています。感情的になって涙が出てしまうのは、自分の気持ちを吐き出したいだけ。それが終わると頑固に言い募ることもなくなっていきます。

男性には甘える、女性にはひと言断ると仲直りできる

黙り込むことでケンカを終わらせようとする男性は、女性からすると腹立たしい限

りですが、そっとしておくしかありません。女性が冷静になって、自分も考えがまとまれば、彼のほうから話し合いのテーブルについてくれるので、少し時間をおくことを許してあげましょう。「黙り込むなんて卑怯（ひきょう）！　何か言ってよ！」と追い詰めても建設的な話し合いなどできるわけもないので、くれぐれも深追いはNGです。彼が黙るのはあなたを傷つける言葉を口にしないための思いやり、という側面もあることを覚えておいてくださいね。

女性は、感情的になって泣いたり、彼を責め立てるよりも、「愛されてるか不安になっちゃったの」と自分の悲しい気持ちを冷静に伝えて甘えてあげると、彼から謝罪の言葉をスムーズに引き出すことができます。

感情的になっている女性をヒートアップさせず、ちゃんと仲直りまで持っていくには、男性は「今すぐいい考えが浮かばないから、少し考えさせて」とひと言断ること。

黙ったままだと、何を考えているかわからないので女性はイライラしてしまいますし、腕力で勝る男性が理由も言わずに黙り込むと、女性に威圧感や恐怖を与えてしまうことも。理由を説明することで、女性を落ち着かせることができます。

男と女のHAPPYトーク

仲直りしたいとき

愛されてるか不安になっちゃったの

男性を責め立てるより、自分の悲しい気持ちを伝えて甘えてしまったほうが、彼からすんなり謝罪の言葉を引き出すことができます。

今すぐいい考えが浮かばないから、少し考えさせて

黙り込んで話し合いを拒んでいるのではなく、いい考えが浮かぶまで待ってほしいと説明することで、「話し合いから逃げているのでは」という女性の不信感を取り除くことができます。

【自己主張】モテる男は控えめ、モテる女は強め

デキる男は自己主張が強いというイメージがありますが、夜の銀座ではモテる男性ほど自己主張は控えめ。同席している上司や部下、ときにはホステスの話を親身になって聞いてくださる方は、モテるだけでなく、どんどん出世していきます。たとえば、モテて出世する方の中には、「そんなことがあったんだ、大変だったね」とホステスの悩みを受け止めてくれるだけでなく、次にお店に来たときに「ああいうときは、こう対応するのもありだったかもね」と、さりげなくアドバイスしてくださる方もいらっしゃいました。

自信と余裕があるからこそ、聞き役に回ることができ、ここぞという場面で自分の意見を口にすることができるんですね。男性は一番になりたい生き物なので、どうしても自分の話ばかりしがち。それをグッとこらえて女性におしゃべりをさせてあげる

と、モテ度がグッとアップします。

なぜかといえば、**人は自分の話をしていると、脳からセックスをしているときと同じ快楽物質が出るといわれているから。特に女性は、感情の整理やストレス発散が会話の目的なので、男性の3倍しゃべるといわれているくらい、おしゃべりが大好き。だから、話を聞いてくれる男性は確実にモテます。**

女性は、自己主張が控えめなほうがモテるというイメージがありますが、これも大きな勘違い。男性にモテるのは、喜怒哀楽がはっきりしていて、きちんと自己主張できる女性です。

その理由は、男性の会話は問題解決型だから。たとえば食事に行く場合にも、「食事に行くなら、今日は洋食系がいいな」「今日はお昼が遅かったから、夕食は軽めに済ませたい」と、相手が「女性のためにいいお店を選びたい」と、問題を解決しやすいよう、情報を提供してくれる女性のほうが、男性としては張り切りがいがあるのです。

ここで「何でもいいです、お任せします」と言われてしまうと、男性は問題解決ができずに迷ってしまい、女性のために素敵なお店を選んであげたいという想いが湧いてきません。

男性はあいづちテクニックを磨き、女性は気遣いのある主張をしよう

男性は、相手の女性におしゃべりを楽しんでもらいたいなら、あいづちのテクニックを磨きましょう。

そもそも男性は、相手の話を無表情&ノーリアクションで聞く人が多すぎます。これでは話を聞いてくれているか判断がつかず、「もっと話したい！」という気持ちになれません。純粋に相手に興味を持ち、笑顔で「それでそれで？」「へぇー！」「おぉ～」「え!?」と、あいづちのバリエーションを広げましょう。

ただし、静かに話しているのに妙に相手のテンションが高かったり、反対にノリノリで話しているのに相手のテンションが低かったりすると、「会話のリズムが合わない」と感じさせてしまいます。声のトーンや大きさなどは相手とテンションを合わせ

ることを心がけてくださいね。

会話で問題解決をしようと思っていない女性に、アドバイスをしたいときは、時間をおくのが正解。「あのときのあれは……」と切り出せば、押しつけがましさが軽減でき、以前の会話を覚えてくれているということで好印象も与えられます。

女性は、喜怒哀楽や自己主張をする際に、穏やかさや気遣いを忘れないのがポイント。その自己主張が、ヒステリックなわがままだったり、ネガティブな言動で相手を傷つけたりするものでは意味がありません。

食べたいものを伝えるときも、「イタリアンかフレンチ」「和食系」「重め」「軽め」など、ある程度幅を持たせて男性にも選ぶ余地が生まれる気遣いが欲しいところ。「私はそういうの好きじゃない」とバッサリ相手の好みを切り捨てたりせず、「私はこっちのほうが好みかな」とポジティブに表現すると、男性のプライドを傷つけずに済みます。

ただし、実のところ男性は、女性に命令されるのが嫌いではありません。幼い頃から母親やしっかり者の女子たちに「片づけなさい」「掃除サボらないで」と言われ続けているからです。だから、普段は気遣いながらも「今日はどうしても、あのお店に連れて行ってほしいの」というわがままを織り交ぜるのも、関係を長続きさせるいいスパイスになるんです♡

男と女のHAPPYトーク

上手に自己主張するには

相手を否定せず、穏やか&ポジティブに自己主張することで、男性を不快にさせずに、問題解決するための情報を提供することができます。

私はこっちのほうが好みかな

あのときのあれだけど、こういう対応をするのもアリだったかもね

女性にアドバイスしたいときは、時間をおくと押しつけがましさが軽減でき、以前の会話を覚えてくれていたということで好印象も与えられます。

【ユーモア】男は生み出す、女はよく笑う

お笑い芸人さんのモテっぷりを見てもわかるように、ユーモアのある男性は夜の銀座でも例外なくモテます。

誤解している人が多いのですが、ユーモアというのは「サービス精神」のこと。ただ面白いことを言えばいいわけではありません。相手の好きな話で楽しませるのがユーモアなんです。だから芸人さんは、事前に何パターンものネタを用意しておき、劇場でお客さんの顔触れを見てからどのネタでいくか決めているといいます。

財界の大物であるお客様も、そんなユーモアあふれるお一人でした。とても体格がいい方だったので、新人ホステスが「何のお仕事されてるんですか？　消防士さん？」と聞いてしまったのですが、普通なら「失礼だな」「俺の顔も知らないのか」と怒ってもおかしくないですよね。それなのに、「そう、今日も火事消してきたよ」とさら

りと返したのです。もちろん、お店の中は大爆笑の渦に包まれました。

芸人さんのように自ら面白い話をするのは苦手でも、こうしたちょっとした切り返しでユーモアは十分に表現できるんです。

さまざまなユーモアに関する心理研究では、ユーモアのある男性がモテるというのは万国共通であり、一般に男性のほうがユーモアをつくる能力に長けているのに対し、他者のユーモアに反応して笑う頻度は女性のほうが高い、という結果が出ているそうです。

また、こんな研究もあります。男性が女性をデートに誘いたい場合、自分のポートレイトに笑えるひと言を書き添えて渡したほうが、ただ写真を渡すよりも成功率が高かったそうです。ところが、男女を逆にすると、この戦術は効果がなかったといいます。

最近では女性の芸人さんも増えているのですが、どうやらユーモアの能力がモテに直結するのは、やはり男性のようです。

ただ、結婚後は、女性が頻繁にユーモアを披露する夫婦のほうが、結婚生活の満足

度の高さを維持しやすいという研究結果が出ています。

女性がユーモアのセンスを発揮するのは、結婚後までとっておいたほうがいいかもしれません。

ただ、男性同様、会話の中に相手を喜ばせたり、楽しませたりするユーモアを忍ばせることで親密度をアップすることができるので、ぜひチャレンジしてみてください。

たとえば、こんなフレーズはいかがでしょうか。

「○○さんて、いっぱい女の子泣かせてそう〜。私も気を付けなきゃ（笑）」

「○○さんって素敵ですけど……ちょっと変態っぽい（笑）」

「いい子いい子してあげるね♡今度（笑）」

「今日は元気ないね。具合悪いの？　恋の病じゃない？　私に（笑）」

男と女のHAPPYトーク

ユーモアで相手を楽しませるには

面と向かって「モテそう」と褒めるのも悪くありませんが、ユーモアを使って褒めると意外性があって相手の印象に残りやすく、会話も盛り上がって親密度が高まります。

女性の失言に腹を立てることなく、ユーモアで切り返せると「余裕のある男っていいよね」と株が上がります。

【嘘】男はリスクヘッジのために嘘をつく、女は共感のために嘘をつく

ホステスは、お客様から「彼氏いるの？」と聞かれたら、たとえいるとしても「え⁉いるわけないじゃないですか」と善意の嘘をつくものです。
夢を売る場所では嘘も方便。もしかしたら女の子を落とせるかもしれないという夢にお金を払っているのですから、中途半端にリアルを持ち込んでシラけさせてしまってはいけませんよね。

この場合、真実を言ったときのリスク（＝お客さんがお金を落としてくれなくなる）と、真実を言ったときのゲイン（＝お客さんに嘘をつかなくてすむ）を比べたときに、「嘘をつく」ほうが、明らかにリスクを最小限に抑えることができます。

実は、このホステスの嘘は、いわゆる男性的な思考回路によるもの。男性は、女性

から「髪切ったんだけど、どう?」と聞かれて、本当は似合わないと思っていても、機嫌を損ねてしまってケアしなければならないときのリスクがゲインをはるかに上回るので、「似合うよ」と嘘をつくのです。

仕事では男性的な思考回路で嘘をつく私も、女友だちと会うときは女性的な思考回路にスイッチが入ります。「髪切ったんだけど、どう?」と女友だちに聞かれたら、似合ってなくてもやはり「似合うよ~」と言ってしまうんです。

でも、それはリスクヘッジのためではありません。「似合わない」という「事実」よりも、「どう?」と幸せそうに尋ねてくる女友だちの満足感に「共感」する気持ちを大事にしたいからなんです。あえて真実を口にして、そのハッピー感をぶち壊す必要はないですよね。

男性には「不機嫌にならない」、女性には「安心させる」

リスクを抑えたい男性に、本当のことを言ってほしいときは、事実を言われたときに不機嫌になるのをやめること。

たとえば、「おいしい！」という女性の言葉に、男性が「そうかな？」と疑問を呈したときは、「感じ方っていろいろだね！」と事実を事実として受け止めるようにしてみてください。後からご機嫌をとるリスクがないとわかれば、男性は正直に本音を言ってくれるようになります。

共感を大事にする女性に、本当のことを言ってほしいときは、普段から「大丈夫？自分でよかったら話聞くよ」「いつも味方だよ」と伝え続けることが大切。「本当のことを言っても大丈夫」な関係を築くのが一番の近道です。

人を傷つけない嘘は見逃すのもアリ

楽しい嘘がいっぱいの夜の世界に身を置いていた私から見ると、事実しか存在しない世界は少し味気なく感じてしまいます。「今日はあのお客様、どんなホラ話で笑わせてくれるのかしら」なんて楽しみがなくなったら、それはそれで寂しいですよね。

もちろん、浮気をごまかすような嘘は私も大嫌いですが、人を傷つけない嘘、喜ばせる嘘に寛容になれると、人生はもっと楽しくなるかもしれません。相手が嘘をつく裏側にあなたへの思いやりがあるのなら、知らんふりをするのもひとつの手。ときには「優しい嘘をついてくれて、ありがとう」なんて言葉をかけて、相手をドキリとさせるのもアリかもしれません。

男と女のHAPPYトーク

本音を言ってもらうには

男性が自分の意見に共感してくれなくても、不機嫌になるのはやめましょう。不機嫌にならないとわかれば、彼は本音を言ってくれるようになります。

本当？　感じ方っていろいろだね！

大丈夫？　自分でよかったら話聞くよ

女性には、常にこうした声かけをして、本音を言っても共感し合える関係性を損なわないと確信してもらうことが大事。

【LINE】男にとっては業務連絡 女にとっては会話

男性にとってLINEは報告・連絡・相談の、いわゆる〝報連相〟のためのツール。用事があるから連絡する、というシンプルな思考回路なんです。そして、自分が気になっている女性には返信が早くなるという傾向はあるものの、基本がズボラなため、気分や忙しさによってまちまちで一定しません。

褒められたいという気持ちが強いので、筋トレにハマっていれば筋肉の写真を毎日送ってきたり、海外出張に行けば空港の写真を送ってきたりと、女性からするとかなり意味不明のＬＩＮＥを送ってしまうのも男性の特徴です。ラーメンにハマっていたお客様から、毎日のようにラーメン店ののれんの写真が送られてきたこともありました。ラーメンの写真ならまだわかるのですが、なぜのれんだったのかは未(いま)だにわかりません。

女性にとってLINEは、対面の会話や電話と同じ、日常的なコミュニケーションツールのひとつ。だから、用事がなくても「何してる?」と連絡しますし、「おいしそうだね」「楽しそう!」といった共感してくれるリアクションを求めがちです。

女性はLINEの頻度や返信速度を「自分への愛情の度合い」とリンクさせて考えます。だから、男性からのLINEが減ったり、返信が遅かったりすると、「愛されてない?」と不安を感じてしまうのです。

男性には業務連絡を習慣化、女性には返信が遅い理由を先出し

なかなかLINEをしてくれない男性には、業務連絡し合える共通の趣味や出来事を作るのが一番。「この番組を見たらLINEで感想を言い合う」「共通の趣味であるラーメンを食べたら、お互いに報告し合う」など、習慣化できる業務連絡事項を作ってしまいましょう。そういう意味で、ホステスには七夕やバレンタインといったお店

のイベントがあって業務連絡ネタには事欠かないので、みなさんよりラクだったかもしれません。また、ＬＩＮＥで話題に出たことを、「あのときのあの言葉、うれしかった♡」「この前、ＬＩＮＥで優しかったね♡」とリアルでも話題にすることで、男性が張り切ってＬＩＮＥをしてきてくれる確率を上げることができます。

女性には、「いつも返信遅くてごめんね。文面を考えるのに時間がかかるんだよね」「昼間は忙しくって、ＬＩＮＥをチェックできないんだ。夜に返信するね」など、自分のＬＩＮＥに対するスタンスを伝えておくと、「自分だけに返信が遅いわけじゃないんだ」と安心させることができます。

男と女のHAPPYトーク

LINEでのすれ違いを防ぐには

共通の趣味などを通じて業務連絡し合えるネタを仕込んでおくと、男性に「もっとLINEちょうだい!」と要求せずとも、頻繁に連絡を取り合えるようになります。

今度ラーメン食べたら、教えて! 私も知りたいから

いつも返信遅くてごめんね。文面を考えるのに時間がかかるんだよね

返信が遅かったり、頻繁にLINEできない理由を伝えておくことで、「自分だけに返信が遅いわけじゃないんだ」と女性を安心させることができます。

第４章

男と女の本音
〜見た目としぐさ編〜

【ファッション】男は雰囲気をチェックする、女は違和感をチェックする

第2章の「【初対面】男は女っぽい女が好き、女は清潔感がある男が好き」でもお話ししましたが、男性は「女っぽい雰囲気」に惹かれます。ジェンダーレスの時代になっても、やはり女性らしい曲線美を好むのです。

ちなみに、八王子から銀座のお店に移ったばかりの頃、私は通販で買ったペラペラのドレスを着ていました。すると、あるお客様が「銀座で働くならドレスも一流のものを身につけないとね」と、シルクの高級ドレスを10着ほどドーンとプレゼントしてくださったのです。私にしてみれば、ドレス＝毎日のように身にまとう仕事着、という意識だったので、そこまでお金をかけなくてもいいと思っていたのですが、考えが甘かったようです。やはり銀座は違う、と心に深く刻まれた体験でした。

私は勉強のために大量の婚活本を読破しているのですが、たいてい次のように書いてあります。

・**「わかりやすいブランドものはNG」**
　↓お金がかかりそうだと思われるから

・**「おしゃれしすぎもNG」**
　↓男性には細かいことはわからないから、トレンドを意識したファッションは必要ない

これは、銀座で働いていた私から見ても、本当にそのとおりだと深く頷（うなず）けることです。

私がお客様からドレスをプレゼントしていただけたように、中途半端なものを無理に身につけるくらいなら、身の丈に合ったものを着ているほうが、男性がプレゼントしたくなる余白が生まれ、モテに直結するのです。

女性はつい婚活やデートのために「服を買わなきゃ」と思ってしまいますが、残念ながらそれは自分の気持ちを上げることに貢献してくれるだけ。モテには直結せず、彼との関係を深めることにもつながりません。

女性は、男性のファッションをどう見ているのでしょうか。

女性がチェックしているのは、「なんかヘン……」というところがないかどうか。女性は会って7秒で相手をジャッジするので、パッと見たときの違和感が印象を大きく左右します。

つまり、特別おしゃれである必要はなく、違和感のない、ごく普通のファッションであれば、まったく問題ないのです。でも、その「普通」がなかなか男性には理解しにくいのですが……。

男性ウケするには「ちょいダサ」くらいがちょうどいい

女性らしい雰囲気を求める男性には、

・シンプルなワンピース
・ニットにフレアスカート
・白いブラウスにタイトスカート

のような、ごく普通のファッションが刺さります。女性から見ると、トレンドのパワーショルダーのほうがはるかに可愛いのですが、残念ながら男性の目には「肩がやけに膨らんでるな」と奇抜な服に映るのです。**あまり気張らず、「ちょいダサくらいでいいや」と肩の力を抜いたファッションで臨みましょう。**

女性ウケするには「サイズ感・おしゃれすぎないこと・TPO」が大事

違和感をチェックしている女性には、「嫌われない」ファッションを目指すのが正解です。好感度を上げるというよりは、「この人、生理的に受けつけない」と言われないよう、マイナスを作らないファッションを心がけましょう。
気をつけるポイントは次の３つです。

①サイズ感

おしゃれが苦手な男性は、サイズ感を間違えている人が多いんです。ダボダボすぎたり、ピタピタすぎる洋服は違和感のもと。特にダボダボの洋服はだらしなく見えるので、ジャストサイズを選びましょう。最近では、シャツやスーツのオーダーも低価格帯のものがたくさんありますし、カジュアルな洋服もサイズ展開が豊富になっていますので、ネットでポチらず、ぜひ店頭で試着してから選ぶことをおすすめします。

②おしゃれすぎるファッション

首にネジネジのストールを巻く、ハットをかぶるなど、おしゃれに挑むマインドは素晴らしいのですが、エッジの効いたファッションは好き嫌いが出やすいので出会いの場などには向きません。柄×柄などのおしゃれ上級者向けのコーディネートも避けたほうが無難です。

③TPOに合っていない

女性がせっかくデートだと気合いを入れておしゃれしているのに、サンダルやバミューダパンツ姿ではガッカリしてしまいます。場にふさわしい服装を心がけましょう。

ファッションを褒めると地雷を踏みやすい

ファッションは最初に目に入るところなので、褒めやすいポイントではあるのですが、男性はつい「高そうなバッグですね」などと口にして女性をシラけさせてしまうことも。男性からすると、ただ感想を述べただけなのですが、モノの値段に言及するのはマナー違反。**「○○さんのそれ、いいですね」と、「あなたに合っている」「あなたが持っているから素敵に見える」というニュアンスで褒めましょう。**

女性は男性のファッションを見て「褒めどころがない……」ということも多いのですが、女性から見ていまひとつでも、**その男性なりに努力しているところが見えたなら「センスいいですね」と褒めてあげると、とても喜ばれるはずです。**

男と女のHAPPYトーク

ファッションを褒めるとき

ファッションに限らず、話す内容や言葉選びが素敵だと感じたときにも使える言葉です。「自分の感性を理解してくれる人」と男性に思わせることができます。

センスいいですね

○○さんのそれ、いいですね

服や小物を褒めるときは、「あなたに合っている」「あなたが持っているから素敵に見える」というニュアンスで褒めましょう。

【アクセサリー】男にとっては鎧、女にとっては単なるおしゃれ

銀座にいらっしゃるお客様は、仕立ての良いスーツはもちろん、時計やネクタイピン、カフス、ポケットチーフなどでさりげないおしゃれをしている方が多数派でしたが、なかにはアクセサリーをこれでもかと言わんばかりにジャラジャラつけている方もいらっしゃいました。

当時を振り返ると、過剰にアクセサリーをつけるお客様は、「とにかく目立ちたい」「注目してほしい」という自己承認欲求が高い方、コンプレックスを抱えている方が多かったように思います。背が低かったり、一族全員が医師なのに自分だけが会社経営者だったり、幼少期に家が貧乏だったり……。今は立派に成功なさっていても、言葉の端々から劣等感や寂しさが感じられることがよくありました。

アクセサリーをつけすぎるのは男女を問わず自己顕示欲や見栄の表れといわれますが、こういう方にとっては自分を守ってくれる鎧（よろい）のような役割を果たしているようです。

銀座のホステスたちのアクセサリー事情はというと、ハイブランドのアクセサリーでマウントを取り合っているかのように思われがちですが、「人による」というのが本当のところです。

見た目の華やかさで勝負するホステスは、ボリューム感のあるスワロフスキーのネックレスでとにかく派手な輝きを放つことを優先する場合もあれば、ハイブランドでお値段を聞けば飛びあがるような高級品ではあるものの、上品で主張しすぎないデザインを好むホステスもいます。

私はといえば、お客様にドレスをプレゼントしていただいた話をしましたが、あの経験から学んで中途半端なアクセサリーはつけない戦略を取っていました。安っぽいものを身につけて上品さを損なうよりも、潔く身につけないことで「胸元が寂しいね、

これどうぞ」と、お客様にプレゼントしていただける機会も増やすことができるからです。

自分で稼げるようになってからは、首、手首、足首のいわゆる「3首」といわれるパーツに、華奢(きゃしゃ)なアクセサリーをつけていました。存在感のあるアクセサリーは、華やかでおしゃれですが、真剣な話をしたいときギラつく光が邪魔になることもあるからです。

男性は「1点に絞る」、女性は「華奢でシンプルなものを選ぶ」

男性は、好感度を上げたいのであれば、あまり過剰なアクセサリーは身につけないほうが賢明です。男性はアクセサリーをつける人自体が少なく、悪目立ちしやすいので、身につけるとしても指輪だけにするなど、どこか1点に絞りましょう。

女性は、アクセサリーを身につけないというのも悪くはないと私は思うのですが、アクセサリーと男女の心理について調べてみると、「アクセサリーを身につけている女性のほうが、男性がお願い事を聞いてくれやすくなる」という研究結果もあるので、華奢でシンプルなものを身につけるのがおすすめです。

華奢なアクセサリーは身につけている女性そのものを華奢に見せてくれる効果があり、ネックレスの位置を直そうとするときの所作も女らしく見せることができます。

「家を出る前に鏡を見て、身につけているアクセサリーをひとつ外して」

これは、かの有名なココ・シャネルの言葉です。女性に限らず、やはり美や上品さは「シンプル」の中に宿るようです。

身につけるものにはその人の内面が表れる

なお、私はアクセサリーをたくさん身につけていて、自己顕示欲の裏に劣等感の強さを感じさせるお客様には、「○○さんがいてくれるだけで落ち着くの」と存在そのものを肯定する言葉がけをしていました。

女性は自分に自信のない人も多いので、こ

れは女性にも響くフレーズだと思います。

同じようにアクセサリーを多くつけているお客様でも、目立ちたがり屋で自己承認欲求が高い方には、「教えてください」「助けてください」とお願いをして、「頼る」接客をしていました。このタイプのお客様は〝かまってちゃん気質〟ですが、信頼を勝ち取ると親身になって世話を焼いてくれたりもするので、敬遠せず味方につけておきたいところです。

身につけるものには、その人の内面が表れるので、気をつけて観察してみてくださいね。

男と女のHAPPYトーク

自己顕示欲の強い人と接するとき

自己顕示欲が強い目立ちたがり屋の男性は、「助けてください」などと頼ると、信頼を勝ち取れます。

教えてください！

○○さんがいてくれるだけで落ち着くよ

アクセサリーをたくさん身につけるのは、自信のなさの裏返し。存在そのものを肯定する言葉がけを心がけましょう。

【香り】男の香りはエチケット、女の香りは刻印

男性は、香りにこだわる以前に、まずは「体臭」「加齢臭」をチェックすることが大切です。仕事柄、たくさんの男性に接客してきましたが、おしゃれをしていても自分の体臭に無自覚の方が何と多いことか！

女性は男性よりも嗅覚が鋭く、香りに敏感です。そのため、香りに気を使うだけで、女性からのモテ度は格段にアップします。

香りは記憶と深く結びついているので、ホステスにとっては香りも営業ツールのひとつ。雨の日って、土と湿気が混じり合った独特の香りがしますよね。あの香りで子ども時代の記憶がよみがえってくるように、「この香りをかぐと○○を思い出すよ」と言っていただけるよう、基本的には同じ香りを使い続けるホステスが目立ちます。

「お土産だよ」と出張の度にその香水を買ってきてくださるお客様も多いので、何十本もストックができてしまうのが悩みではありますが……。ちなみに私のお気に入り香水は「ブルガリ オムニア アメジスト」でした。

ときには空中にひと吹きして、さっと名刺やお客様に送るお手紙をくぐらせ、香りづけすることも。名刺入れや封筒から取り出したとき、ふわっと香り、強く印象付けることができるからです。

「単純接触効果」という心理テクニックがあるのですが、これは会う回数が多いほど、人は好感を抱きやすいというもの。お店に来ていただく以外に、LINEなどで接触を増やすようホステスは頑張っているのですが、名刺やお手紙と香りの効果を上手に活用すれば、お客様との接触をより効果的な形で増やすことができるというわけです。

男性には、女性に嫌われない ユニセックス系の香りがおすすめ

枕カバーが臭う男性は、加齢臭が発生している可能性が大。専用のボディソープや

シャンプーでケアに努めましょう。また、臭いの発生源は、洗濯できないスーツの可能性も。消臭剤の使用やこまめなクリーニングを心がけてくださいね。

余裕があれば、ぜひ香水にも挑戦してください。これは男性に限りませんが、香水をつけると「プラシーボ効果」が働き、自分に自信が持てるようになります。プラシーボ効果とは、本来は薬としての効果を持たないものによって、得られる効果のこと。この場合だと、香水に薬効はありませんが、「素敵な香りを漂わせている自分は魅力的だ」と自信が湧いてくることをいいます。

迷ったら、最近増えているユニセックス系香水がおすすめです。甘すぎず渋すぎない、男女兼用で使える香りなので、女性から嫌われる可能性は限りなく低いのがポイントです。

男性の香水は、つけ方もポイント。香水がキツすぎる男性は、女性にとってはかなりのマイナスだからです。香水を空中にふってその中をくぐって背中につける、膝の裏・お腹につけると、ふわっとさりげなく香らせることができます。

女性は香水のつけ方で差をつける

女性の場合、モテ香水の鉄板は「石けんの香り」といわれています。銀座は大人の遊び場ですから、ちょっと事情が違い、やはり「女」を感じさせる甘く濃厚な香りを定番にしているホステスがほとんど。ホステスは似た香水を好むので、被るのを避けるために、他の香りをレイヤードしてオリジナルの香りを演出している人もいましたね。

一般的に、香水は、体温が高いと香りが拡散しやすい「脈が打つ場所＝うなじや手首」につけるといいといわれています。ホステスは、さらに太ももや足首にもつけます。これは、座ったり立ったりが多いので、動くたびに香りを立ちのぼらせることができるから。みなさんにも取り入れていただけるテクニックだと思います。

ただ、男女ともに食事中に香水をつけないのは基本的なマナーのひとつ。私は甘く重い「夜」向きの香りは、同伴で食事をするときはもちろん、電車やタクシーに乗るときもつけていませんでした。ＴＰＯを大切に、香りを楽しんでくださいね。

男と女のHAPPYトーク

香りを話題にするときのNG例

**〇〇さんが近くに来ると
すぐにわかる**

これは「あなたの香水キツすぎますよ」と同義語。職場の人で、改善してほしい場合には効果があるセリフですが、親しくない間柄なら避けたほうが無難です。

**シャンプーのいい香りが
しますね**

これは口にする人を選ぶセリフなので、避けるのが無難。「香りを嗅がれていると思うと不快」と感じる女性も少なくありません。

【しぐさ】男の隠し事は手に表れる 女の隠し事は唇に表れる

言葉は意識して生み出すものですが、日常生活の中のふとしたしぐさは無意識で行われるもの。それだけに、心理学の世界では「本音は無意識のしぐさに表れる」といわれています。

銀座のホステスたちは日夜、エスパー並みにお客様のしぐさからさまざまな情報をキャッチしたり、逆にモテしぐさを発動して仕掛けたりと、接客にしぐさをフル活用しているのです。

私の経験上、男性は特に手に心情が表れやすいようです。

「手の内を隠す」という言葉もあるように、本音を言いたくない、隠し事を知られた

くない、不安を感じているといったときに、男性は無意識に手をポケットに入れたり、テーブルの下に手を下ろしたりして、手を隠します。

こういうときは、「何か私に隠していることない？　怒らないから言ってね」とカマをかけると、「実は他のクラブに行った」「美奈子のことは好きだけど、元カノと復縁した」など、驚くほどいろいろカミングアウトしてきます。結局、最後は１００％怒ることになるのですが（苦笑）、かなりの確率で本音を聞き出せるので、ぜひ試してみてください。

男性がこぶしを握ったら拒絶のサイン！

また、男性が「ちょっと今日お金使いすぎちゃったかな」「これ以上は無理」と感じているときは、こぶしを握っていることが多いのですが、これは拒絶のサイン。こうなってしまったら、「いつも私のためにありがとう。今度、私にご飯オゴらせてくれる？　それくらいしかできないけど。いつも○○が気持ちでいろいろしてくれてるんだから、私だって気持ちで返したい」といってフォローしていました。

もし、お付き合いしている彼がこぶしを固く握り始めたら、それ以上話しても聞く耳を持ってくれないので、早く解放してあげることをおすすめします。

読んでいてピンときた人もいるかもしれませんが、男性への接し方は基本的に語彙がまだ少なく、言葉で表現するのが苦手な子どもに対する接し方と一緒。私はホステス時代に幼児教育の本も読みあさりましたが、とても参考になるものばかりでしたので、ご一読をおすすめします。

女性が唇をすぼめたら不満を抱えているサイン!

一方、女性は口元に内面が出やすいように感じます。マスク時代の今は、ちょっと男性には不利かもしれませんね。

私はお店のママのご機嫌を口元で読み取っていました。ママが女の子たちに注意するときに、いったん唇をすぼめるクセがあったのですが、これは「言いたいことを我慢している」サイン。本当は厳しく注意したいところを、自制して穏やかに伝えようと気持ちを落ち着けているときに思わず出てしまうしぐさなんですね。

不安や動揺は「唇を噛む、なめる」、言いたいことが言えないときは「唇を尖らせる、すぼめる」といったところに出やすいので、男性は彼女が不満を抱えていないか口元に注目してみてください。

もし、こうしたしぐさが見られたら、「俺、鈍感だから、何かマズイことしちゃってたら言ってね」と相手が本音を言いやすい声かけをしてあげましょう。

男と女のHAPPYトーク

隠し事を表すしぐさが見られたとき

男性にこの声かけをすると、かなりの確率で本音をカミングアウトしてくれます。

何か私に隠していることない？怒らないから言ってね

俺、鈍感だから、何かマズイことしちゃってたら言ってね

女性にこの声かけをすると、相手が本音を言いやすいムードが作れます。

【姿勢】姿勢が崩れるのは男の脈ありサイン、姿勢がキレイなのは女の脈ありサイン

銀座のクラブは、お客様もある程度の緊張感をもって来店される場所。そこから徐々に会話やお酒でリラックスしていただくわけですが、ホステスが「ああ、私に心を開いてくださったな」とわかるのが、お客様の「姿勢」の変化です。

お客様が家にいるときのように、椅子に深く座って足をドカッと開き、体をソファに預け始めたら、心を開いてくださったサイン。**心理学でも、男性は心を許した人の前では姿勢が崩れるといわれています。足を広げるほど自分のパーソナルスペース（他人に近づかれると不快に感じる空間のこと）が広がるので、居心地がいい状態になるのです。**

実際、私を指名してくださったお客様も、最初のうちは自分を大きくカッコよく見

せようと胸を張って姿勢よく過ごしていたのに、来店回数が増えるごとにリラックスして姿勢が崩れ、甘えたようにダラダラしてくるのがスタンダードでした。

女性は、男性とは正反対。好きな人の前ではキレイに見られたいという緊張感から姿勢がよくなるのですが、どうでもいい人の前だと姿勢が崩れやすくなります。どう思われてもいい相手の前では、わかりやすくヤル気のない状態になるのです。

ちなみに、あなたの前で女性が肩を下げていたら、残念ながらあなたに好意がないばかりか、どちらかといえば嫌い寄りの感情を持っている可能性が。**女性は嫌いな人のことを思い浮かべるだけで、肩を下げる習性があるといわれています。**

男女の脈ありサインは真逆！誤解して恋のチャンスを逃さないで

男性の脈ありサインは、姿勢と足の開きをチェックしてみましょう。姿勢が崩れ、自然に足が開くのは、あなたに好意があり、楽しく盛り上がっている証拠。足の開き

が小さい場合は、まだ緊張していたり、話にのれていないということなので、話すテンポをスピードアップしてノリのよさをプラスしたり、違う話題を振ってみたりしてみましょう。

「○○さんと話すと、すごく楽しい！」と安心感を与える声かけをすると、緊張がほぐれ心を開いてくれる可能性が高まります。ちなみに、深々と体を投げ出すように気だるい様子の座り方は、性的衝動の表れだという研究もあります。

女性の脈ありサインは、酔っても疲れても美姿勢をキープしようとしているかどうかに表れます。男性は、自分が好きな女性の前ではだらんとしてしまうので、女性がきちんとしていると「心を許していないのかな」と不安になりがちです。男女で態度が真逆に出てしまうところなので、勘違いして恋のチャンスを逃さないようにしないでくださいね。

また、女性は緊張していると、いつもより髪を触る回数が増える人が多いもの。彼女が髪をしきりに触るときは「2人で会うのって緊張しますよね。僕も緊張しててガチガチですよ」と共感を示すと、安心して好感を持ってくれる可能性が高まります。

男と女のHAPPYトーク

緊張を解いて心を開いてほしいとき

男性には安心感を与える声かけをすると、緊張がほぐれ心を開いてくれる可能性が高まります。

○○さんと話すと、すごく楽しい！

2人で会うのって緊張しますよね。僕も緊張しててガチガチですよ

女性には共感を示すと、安心して好感を持ってくれる可能性が高まります。

【食べ方】好きな人の前だと男は大食いになる、女は小食になる

男性の食べる量は、女性と一緒だと、自分の存在をアピールするために大食いになる傾向があるという研究結果があります。ということは、ご飯デートのときに彼がモリモリ食べていたり、お酒を飲みすぎてしまったりするのであれば、それは脈ありサイン。頑張ってあなたの気を引こうとしているのかもしれません。

そんな彼には「その食欲、男らしいね！」と褒めてあげると喜ぶこと間違いなしです。

銀座でも、やはり最初のうちは女の子にいい顔がしたいので、お客様は高価なボトルを入れてガンガン飲んでくださいます。が、長いお付き合いのお客様になるとだんだんと見栄も張らなくなってなかなかそれが難しくなるので、ときにはケンカを吹っ

掛けて関係を活性化していく、というわけです。

女性にとって「性的なときめき」と「満腹感」は同じもの!?

反対に、女性は意中の人の前では食が細くなります。これは、恋愛ホルモンとよばれるPEA（フェニルエチルアミン）が原因といわれています。特に恋愛初期に多く分泌されるPEAは、性中枢を刺激するドーパミンの濃度を高める働きをします。**女性は、この性中枢と満腹中枢の距離が男性よりも近いため、性的にときめくと満腹中枢が刺激され、食べていないのに食べた気になり、食が細くなるというわけです。**

ちなみに、女性はお腹がいっぱいになると性的にムラムラしやすいといわれているのですが、それは満腹中枢が距離の近い性中枢を刺激して、満腹感を性的な興奮と勘違いするからなのだそうです。男性が女性を口説きたくて食事に誘うのは、実はとても理にかなっていることなんですね。

男性は、「食べなくて大丈夫？　食べなよ」と無理に勧めるのではなく、「代わりに食べてあげようか？」と大食いぶりをアピールするのもおすすめです。

男と女のHAPPYトーク

食事中の褒め言葉

男性のおう盛な食欲は脈ありサイン。こんなふうに褒めてあげると喜ぶこと間違いなしです。

その食欲、男らしいね！

代わりに食べてあげようか？

女性は遠慮や緊張からではなく、本当にPEAの働きで食欲がないだけ。無理に食べるよう勧めても意味がないので、いっそのこと、こんなセリフでアピールするのもおすすめです。

おわりに

異性の本音を知れば、恋が実る確率が上げられる！

あの人は、なぜ振り向いてくれないんだろう。なぜ、自分の想いとは違う方向にすれ違ってしまうのか。

恋愛の難しさは、自分とはまったく異なる思考回路を持つ異性を相手にしなければならないから、というところにあります。

人は口にしてはいけない本音は胸にしまっておくもの。夜の世界に入った当初、これまで知らなかった男と女の本音を目の当たりにして、かなり面喰(めんく)らい、ショックも受けました。

でも、知らないよりは、知ってよかったと、今はつくづく思います。

表にはなかなか出てこない異性の思考回路や行動パターンを知っておくことは、とても大事なこと。試験にノープランで立ち向かうのが無謀なように、何の対策もせずに恋を実らせることができるのは、生まれつきのイケメンや美女、コミュニケーション能力が備わっているなど、ごくわずかな人だけです。

でも、異性の本音を知ってさえいれば、対策を立てることは可能になります。見た目だけで恋愛対象外と認定されてしまったり、相手を不快にさせたりといったことがなくなり、恋が実る確率を格段にアップさせることができるからです。

どうか、この本がかつての私のように「人並みの恋愛がしたい」「異性の本音がわからない」と悩む人の恋の助けになりますように。心から応援しています。

関口 美奈子

関口 美奈子（せきぐち みなこ）

恋愛コンサルタント、結婚相談所「エースブライダル」主宰

コミュ障克服のため水商売の世界に飛び込む。半年間指名客ゼロの状態から恋愛心理学などを学び、銀座No.1ホステスに。9年間No.1を維持したあと引退し、結婚相談所「エースブライダル」開業。人見知りで恋ができない、恋愛に奥手すぎる、といったかつての自分のような男女を助けたいと、彼女・彼氏いない歴＝年齢の方の結婚や、年の差婚などを続々と実現させている。

編集協力／伊藤彩子
ブックデザイン／萩原弦一郎（256）
イラスト／koriko
校正／あかえんぴつ
DTP／エヴリ・シンク
企画・プロモーション／小山竜央
編集／尾小山友香

「最初の男」になりたがる男、「最後の女」になりたがる女
夜の世界で学ぶ男と女の新・心理大全

2021年９月２日　初版発行
2021年11月10日　４版発行

著者／関口 美奈子

発行者／青柳 昌行

発行／株式会社KADOKAWA
〒102-8177　東京都千代田区富士見2-13-3
電話　0570-002-301（ナビダイヤル）

印刷所／凸版印刷株式会社

ISBN 978-4-04-605347-3　C0030